U0049914

人際關係與溝通

Human Relationship and Communication

邱美華◎著

序

　　每個人在日常生活中，都會面臨許多或大或小的困擾與挫折，諸如學業壓力、職場競爭、感情糾紛、親子問題及人際間的衝突與處理……等，而這些困擾皆需靠自我的認知與瞭解、正向的思考、現實環境限制及未來方向的規劃，並能不斷的充實知識與學習解決問題的能力，才不會對生活造成威脅。

　　現今社會充斥著變動及不確定性，錯亂的價值觀及過度工商業化的結果，形成科技頭腦、情緒空缺及人際疏離等現象，在此如能建立個體之韌力或是正向思考，就能夠在困境中維持穩定的能力或高效率，並可藉由個人在家庭或社會中接觸到至少一位關愛他的親人或者是友人，讓支持性的人際關係做為提升自尊與自我效能的後盾。由此可知，人際關係是個人韌力的生命活水泉源之一。

　　筆者基於以上概念，將本書內容共分為六章。第一部分為第一章、第二章，是為本書之基礎部分，以瞭解人際關係的重要性和意義、人際關係的功能和特性，以及人際關係的發展階段，並透過自我概念的瞭解及人際吸引、自我知覺歷程與繆誤的理解，可避免人際衝突的發生。

　　第二部分為第三章至第六章，是為本書之實務部分，由人際溝通模式和知覺人際溝通對自我及形象、情緒之影響，

可以得到人際溝通與文化社會建構下之基礎性概念。而第五章及第六章則是以溝通的意義層次和重要性開始，再談及語言溝通、非語言溝通的特性，傾聽的過程和積極傾聽的技巧及人際衝突的解決等，以實例說明如何建構成功的溝通平台。

　　本書在撰寫時都儘量以淺顯的文字和實例來輔佐學生瞭解，過程中亦相當感謝本校長官的支持、學生輔導中心所有工作人員的協助與事先閱讀，以提供更好之意見，增進本書之可讀性。但仍可能有遺珠之憾，或在專業上有不同之堅持，也祈請讀者與專家學者不吝賜教。最後感謝揚智文化公司閣總編的不斷電話聯繫及出版同仁的用心規劃與趕印，才能讓我及時趕上教學行程，在此給予最大的謝意與感激。

僑光學院學生輔導中心主任

通識教育中心助理教授

邱美華 謹誌

目　錄

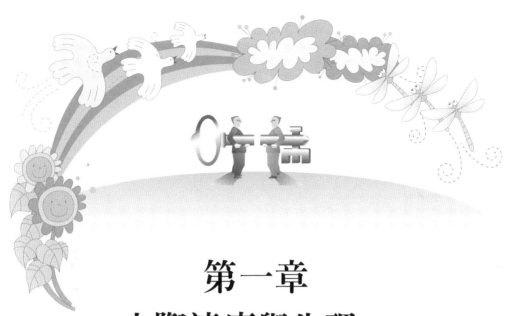

第一章
人際適應與生理、
心理健康

摘要

本章學習的重點是瞭解人際關係的重要性和意義、人際
關係的功能和特性，以及人際關係的發展階段。本章是屬於
概念式提供讀者對人際關係的初步瞭解，再於第二章後做更
精細的說明。

一、人際溝通包含了內在溝通、人際間溝通、小團體式溝通
　　和公眾溝通等四方面。說明人際關係的目的、理論和技
　　巧或組織的相關議題。

二、說明人與人之間關係的空間距離，包含親密距離、個人
　　距離、社交距離和公眾距離各有不同。

三、人際關係的功能約略可分為滿足社會性需求、促進自我
　　瞭解、提供協助和增進身心、情緒的健康四大類。其中
　　滿足社會性需求約略可分為刺激滿足和減輕孤獨感。

四、Ainsworth（1989）依據Bowlby的理論做研究發現，依附
　　關係可以分為安全型、逃避型、焦慮型等三種依附類
　　型；Main（1990）則發現尚有解組型。

五、Maslow層次需求論，為生理層次（例如：渴、餓、欲望
　　等）、安全需求（可分為生理與心理的滿足）、愛與隸屬
　　（接納、歸屬感等）、自尊需求（自我肯定與評價）、求知
　　需求和審美需求，最終為自我實現需求。

六、人際關係的特性包含：(1)人際關係是種動態的關係；(2)具

有階段性的：(3)由彼此互動方式來決定關係程度；(4)受到物理環境、文化、社會心理和時間因素影響；(5)具有多向度；(6)是經由溝通來建立和維持等六項。

七、Levinger 和 Snoek（1972）所提的相互依賴理論（model of interdependence），包含零接觸（zero contact）、知曉（awareness）階段、表面接觸（surface contact）階段和強烈依賴階段。

八、DeVito（1994）認為人際關係可分為接觸期、捲入期、親密期、惡化期，之後又可由修復期和解除期來說明。

其中接觸期的技巧有：(1)開場白；(2)審核條件；(3)決定清楚；(4)開始接觸：語文與非語文接觸；(5)使用綜合性話題；(6)創造良好的印象；(7)建立第二次會面等。

捲入期的技巧有：(1)直接；(2)忍耐；(3)間接暗示；(4)公開表現；(5)分離；(6)第三者；(7)三角關係等。

親密期可分為兩個階段：一是人際承諾（interpersonal commitment），二是社會連帶（social bonding）或稱社會約束階段。惡化期則是出現個人內在的不滿和人際間的惡化兩個步驟。

修復期出現兩個步驟，個人自身的修復（intrapersonal repair）和人際修復期（interpersonal repair）。解除期也有兩個步驟，人際分離（interpersonal separation）和社會／公眾分離階段（social／public separation）。

九、黃光國教授認為中國人的人際關係可分成情感性、工具性，及混合性關係。

前言

　　我們由日常生活中的大小瑣事都能理解到人際關係的重要性，因為人並非孤獨地活在人世間，我們常有親近別人和想要與人溝通的需求。想想看當一個孩子呱呱墜地的那一刻起，就開啓了與人溝通的管道，而由此刻直到死亡，都需要與人有密切的關係和溝通，而其中維持關係和持續溝通的可能性，就需要我們用心地學習和經營，就如同家人關係和婚姻一般，並非理所當然，而是需要用心地灌漑經營和栽培，才能成長茁壯。

　　本章在此先釐清兩個名詞觀點：

1. 人際溝通（interpersonal communication）：自我能與他人互動，瞭解自我與他人。
2. 內在溝通（intrapersonal communication）：自我能夠學習自我對話、評斷，可以為自己的決定找理由，也可以傳遞給別人的訊息。

第一節　人際關係的意義與功能

　　我們常聽大家在談「某某人人際關係好不好」，到底人際關係代表的意義是什麼？它所能帶給人們的影響又如何？就

廣義而言，人際關係涵蓋了一切與人有可能會發生的關係，亦即我們和周圍人之間的關係。而更精確地說，應是兩個人之間彼此相互影響，相互依賴（interdependent），彼此的互動（interactions）也維持一段較長的時間（Kelley et al., 1983；陳皎眉，2004）。在此先做個測驗以瞭解您對「人際溝通」的看法為何？

　　說明：在以下問句中，若覺得「總是正確」或「經常正確」，請打「○」；若覺得敘述「總是錯誤」或「經常錯誤」，請打「×」。

（　　）1.好的溝通者是天生，而非後天學習而來。

（　　）2.愈與他人溝通，溝通能力會愈進步。

（　　）3.有效的演講可以訓練，有效的傾聽則無法訓練。

（　　）4.「嗨！你好嗎？」或「今天天氣很好」等寒暄不能達到有效溝通的目的。

（　　）5.當遇到其他文化的人時，也可使用本身所處文化的溝通方式，來進行溝通。

（　　）6.當語言訊息與非語言訊息相互矛盾時，人們比較會相信語言訊息。

（　　）7.「完全開放接納」是任何有意義之人際關係所欲達到的目標。

（　　）8.人際衝突是顯現關係出問題的可信指標。

（　　）9.領導者是天生的，並非後天訓練的。

（引自DeVito原著，洪英正、錢玉芬譯，2003，《人際溝
通》，台北：學富，頁4-5。）

　　在上述十題中，如果您的答案都是「×」，那就要恭喜您
對人際關係的認知是正確的，對之後各章的學習也有所幫
助。

一、人際關係的意義與範圍

　　學者Fromm曾指出人有與生俱來的「關係需求」。動物本
能亦有相同的狀況，一隻被孤立的猴子可能會因為沒有關懷
而寧願不吃食物，同樣地在國文課本中的「孤雁」也因為沒
有伴被派遣必須守夜，不能好好休息。這些感覺對動物而
言，都是不舒服的或孤單的。而在一個團體中，如果犯錯後
被懲罰必須沉默，過了一陣子，就可能會經歷一種被當成透
明人的情緒，相對壓力會影響生理反應的激動，而產生身心
的不適應狀態。在「新生命的誕生」影片中，曾提及人類的
嬰兒和黑猩猩幼兒的吸奶行為不同，因為人類的嬰兒每次吸
食母乳（或牛奶）一段時間都會停下來幾秒，而黑猩猩幼兒
卻不會，原因是人類的嬰兒會透過這樣的停頓來與餵食者做
互動，如果照顧者和嬰兒說話，孩子才會再繼續吸奶，由此
證明，人類比其他動物更需要與人互動和關懷需求。

人際關係是透過溝通來加以創造的，是有意義的，可以賦予一些能力，而協助我們目標的達成，也是一種互動性的過程，可以增進身體和情緒上的健康，這些都可以由一個小型的社區來獲得印證。

案例討論

虛擬社區

　　在台灣南部某一個小鎮，大家都是以務農為生，有些人家中已改建為現代化的建築，但是有些家庭仍保留四合院原始風貌。在這個鎮上的人口數不多，大都是老人和小孩，因為年輕人都已前往都市發展。在這樣的地方，他們的生活所需的物品仍是來自巷口的「柑仔店」，由鄰近的城鎮所批發而來，消息的來源自然也大都集中在這個店中。

　　他們買賣物品雖然有使用錢幣，但大多數時候仍是「以物易物」居多。例如，張三的阿公病了，請鎮上唯一的醫生看病，有時無力繳交健保費，因而根本沒有健保卡，但是他們診療費用常常就是一籃又一籃的水果或青菜，因此醫生往往一個月都不需要再購買水果或青菜，而且還可以再送給其他更需要的人。

　　在這個社區中，住戶很少，只有一所偏遠小學，學校永遠缺乏電腦來教育孩子，也沒有老師願意前來，大多是老面孔，交通也不便利，一天大概只有一班車會經過，錯過了只有等待明天的份兒，即便是如此的不便利和看不到

都市的繁華氣氛,但是這裏的人們卻都是熟知每個人的姓名、家中狀況,相互幫助,從不抱怨,身心健康,據瞭解老人家們也都很長壽。

◎由這樣的社區中,您發現到有哪些因素使他們在身心上保持健康?

◎這些居民的親密關係是相互協助,還是曝露了自我的脆弱?

　　由這樣的社區中,我們可以瞭解到人際關係的建立並非是一朝一夕,它需要許多因素的配合及情境脈絡的組成,方能完整化,進而影響到人際溝通的形成。以下就依人際溝通的範圍和情境脈絡做一說明。

(一)人際溝通的範圍

　　人際關係的建立只有靠著表面上的文字或語言的傳遞是不夠的,有時我們在溝通中會同時扮演著講者(傳播訊息)和聽者(接收訊息)兩種角色,我們可以透過語言和非語言訊息(視覺、聽覺、觸覺和嗅覺或手勢、笑容等方式)來同步進行此兩種行為。有兩人以上溝通時,有時會出現簡單或複雜的拋球或接球之類的傳球遊戲,彼此間需要有相對的配合、相互依賴的傳遞,才不會使訊息漏接。以下將各種人際溝通可能形式和範圍列表說明如**表1-1**。

表1-1　人際溝通的範圍

圖示	溝通範圍	目的	和理論相關議題	和技巧或組織相關議題
	內在溝通（與自我之交流）	自我內省、推理和思考分析	與自我概念和自尊有關，如何影響溝通、性格與溝通關聯性的瞭解。	增加自我覺察，學會解決問題能力，減少人際衝突。
	人際間溝通（兩人以上之溝通）	發現、描述、影響、娛樂與助人	人際溝通的管道和效能，聚集在一起的人為何會有關係結束或不同關係的比較。	增強溝通效能並發展有效衝突解決的能力，維持關係，增進能力。
	小團體式溝通（超過三人以上）	分享訊息、激發靈感、解決問題與助人	團體領導者的形成和效能檢核，成員所扮演的角色，團體和組織運作效率。	增進領導者和成員效能，利用團體運作達到特定目標（例如問題解決或主題式溝通效能）。
	大眾式溝通（例如演講者或演出者對聽眾、觀眾）	告知、說服、取悅	觀眾如何有效分析和接受訊息，公平公開輸出交易的功能。	增加訊息傳遞和說服觀眾的效率，發展、組織、設計和傳送有效的訊息。

資料來源：DeVito原著，洪英正、錢玉芬譯，2003，《人際溝通》，台北：學富，頁3。

　　由**表1-1**可以瞭解自我內在溝通含蘊自我瞭解、覺察和自尊及內在溝通相關議題；人際間溝通則包含兩人的互動、有效溝通或關係進展與結束等相關議題；小團體式溝通則是人際溝通形式之一，是瞭解團體運作效能、組織和個人所扮演角色的交互作用；至於大眾式溝通則是傳遞意念、想法和訊息，說服的動機大於互動帶來的效用。

　　表1-1也讓我們瞭解到相關領域和空間所帶來的意義，如果您想向他人傳達的訊息是大家都應該知道的，似乎應該使用可以傳遞的網絡，也比較屬於是大眾式溝通。此與探討隱私，只能低聲耳語是不同的。以下我們區分為四種方式來定義人與人之間關係的空間距離（Hall, 1959, 1969）：

1. 親密距離（intimate distance）：指從我們個人實際接觸到十八英寸內的距離。在這麼短的距離中，雙方的聲音、氣味及非語言訊息，大部分都不會錯過。一般而言，非常親密的人才能進入此距離，例如：愛撫、保護或激烈的運動比賽（摔角、跆拳道及柔道等），會比較適合這樣的空間。

2. 個人距離（personal distance）：指大約您的雙手平衡舉起，所畫的一個大圓的範圍，可以定義為您的「保護層」，約是十八英寸到四英尺的距離。在被自己包覆的保護層中，可以維護自己不受別人碰觸，但仍能伸出手來握住或抓住想保護的人。

3. 社交距離（social distance）：指非個人化的交互行

爲，大約四至十二英尺的範圍。這樣不會看到一些在個人距離時所看到的細節，大部分在正式場合會議的舉行，或是小討論桌，都是這樣的距離，以減少對來訪者或客戶的威脅感。

4. 公衆距離（public distance）：這是可以保護自身安全的距離，大約是十二至二十五英尺的距離。當自身所處環境感到威脅時，可以採取一些防衛措施，藉以保護自己，雖然可能不能精細地看出對方的行爲，但可以看清楚周遭的環境和所發生的事件。

(二)人際溝通的情境脈絡

在人際溝通上，處於同一情境所傳遞的訊息，有可能會受到講者與聽者對相同文字或語言、非語言的理解，然而在不同情境仍有可能會產生不同的意義。這也牽涉到我們對語意符碼的共同理解程度，因而當我們收到訊息時，會透過自我理解的意義進行編碼（coding），重新給予或建構意義，而當我們要使用或回饋給另一方時，就會進行解碼（encoding），亦即說的一方是解碼者，而聽的一方就成爲編碼者。這會依據聆聽者和說話者所共同享有的知識體系或文化涵育來決定符碼的意義，您們若非同一群體者，是無法瞭解的。例如，現今青少年常在即時通或MSN上所出現的「火星文」就是最好的代表，而這些並非師長輩所能理解。

我們在接受或傳遞符碼時，都必須瞭解訊號所產生的意義，才能連貫起情境中所產生的脈絡。其中影響我們如何說

或者說什麼的情境脈絡，至少包含四種：物理的（physi-cal）、文化的（culture）、社會心理（social-psychological）和時間（temporal / time）（見**表1-2**）。

表1-2　四種情境脈絡

情境脈絡種類	定義	範例
物理的	指有形或具體的環境，人們在不同的物理環境下，會出現不同的行為表現。	在球場上為喜歡的球隊大喊「加油」，在聆聽音樂會時則會保持靜默。
文化的	指生活形態、信念、價值觀、行為和溝通團體之不同屬性會引起人們不同的行為表現，整體團體或社會價值會判斷正確與錯誤的規則。	參加原住民豐年祭和在學校上課時的表現不同。
社會心理	指演說者、情境的狀態和講者與聽者間之互動後所產生的情緒共同狀態，而三者的交互作用所產生的不同情形，也會使人們做出不同的行為表現。	在大眾場合宴會的表現和在家用餐的表現不同。
時間	指訊號的意義會符合一連串的發生事件，而使人們做出行為表現。	朋友發生車禍，會影響後續行為反應。

　　表1-2所述四種情境脈絡是彼此交互影響的。例如，承諾幫助別人做一件事，但無法如期完成（時間的情境脈絡），會導致別人不信任您或合作關係生變（社會心理的情境脈絡），而這項約定獲得雙方認可的（文化的情境脈絡），連約談和繳交地點都是共同決定或經過再三確認的（物理的情境脈絡）。

二、人際關係的功能

　　人為何需要人際溝通？在我們每日厭煩的生活中，有時你需要獨處，但有時你卻很需要與人有進一步的溝通。在工作職場上，有時你很需要與人有共同討論的時機，有時你會需要他人所提供的意見，既然我們對人際溝通都有如此的需求，因此我們必須先瞭解人際關係可能帶來哪些功能，方能在我們維繫與父母、配偶、好朋友、兄弟姊妹或男女朋友，這些所有的親密關係時，能有進一步的透析。

　　一般而言，親密關係的維繫並不容易，它相對地會讓我們的生活有更多的透明和放鬆。例如，我們與家人都維持一段相當長時間，彼此互動也相當頻繁，這些不同種類的活動或事件，會讓彼此間相互的影響力變大，藉以更堅定地去維持親密關係，因此彼此的關懷和感受也是不由自主地增多或減少。而當「關係」出現改變時，個體的生活與對事件的意義也就會受到衝擊，例如，當某先生剛失落了一段親密關係（親愛的伴侶死亡），則某先生死亡的意念和可能性便會有所增加。

　　在一份研究「孤獨」的報告中，受試者們分別獨處於一間上鎖的房間中，五名受試者裏，只有一名在當中待了八天，三名待了兩天，第五個人只待了兩個小時。由此可以證明，人們很希望有時間獨處，但又忍受不住孤寂，社交孤立者比那些擁有活躍社交網路的人，多出四倍的感冒機會，而

且比有強烈社會聯結的人，超過兩到三倍的機會早逝。人際關係擁有促進身心健康、擴大學習、產生影響、紓解壓力、提供服務、解決問題等功能是不言可喻的。

案例討論

忍耐度測試

　　Schachter（1958）著名的知覺剝奪（sensory deprivation）研究是最典型的例子，他以每天二十元美金的代價，徵求大學生參與實驗，參加的人，什麼事都不必做，只要你有能耐，可以待在一個只有一桌、一椅、一床、一馬桶、一燈的房間內（三餐有人由小洞送入），一天就可以得到二十美金。大學生到底可以待多久呢？

◎如果是您，在沒有任何刺激的房間中，究竟您可以忍受多久呢？

◎如果可以挑選一項物品讓您攜帶，您會希望帶什麼？這樣可以增加您的忍受程度嗎？

　　人際關係的功能約略可分為滿足社會性需求、促進自我瞭解、提供協助和增進身心、情緒的健康四大類。其中滿足社會性需求又可由刺激滿足和減輕孤獨感兩部分來做瞭解。

(一)滿足社會性需求

■刺激滿足

　　人們需要朋友，也期待被朋友所接納而產生歸屬感，因而會加入社團，相互結伴，甚至結盟、結黨，以產生我們共同的團體感，當然更希望從這些地方能得到刺激，更進一步地期望這些刺激能繼續地產生互動，藉以滿足我們的各種需求。因而人基本上都需要與他人產生關聯，發展彼此依附，互相可以照顧、關懷的關係，才能在交往中試圖展現出影響、控制、指導別人，或是受別人影響、控制和指導的狀況，來瞭解和測試滿足刺激的影響力工具。

　　嬰兒在六個月到一歲間會表現出依附主要照顧者，並會依照照顧者的反應，建立一些規則和行動，逐漸形成一個對主要照顧者、對自我及對環境的內在運作模式（Bowlby, 1982），我們稱之為「依附關係」，例如，當他為了某事而哭泣時，相對地他也會注意觀察你的反應，而做出相對應的行為。

表1-3　依附關係類型

研究者	對象	依附類型			
Ainsworth Main	嬰兒	安全型	焦慮型	逃避型	解組型
Main et al.（AAI）	成人（父母）	自主型	過分投入型	漠然型	未解決型

資料來源：柯淑敏（2001），《兩性關係學》，台北：揚智，頁11。

Ainsworth（1989）依據Bowlby的理論做研究發現，依附關係可以分爲安全型、逃避型、焦慮型等三種依附類型；Main（1990）則發現尙有解組型。

Main等人（1990）由這類型兒童的父母中發展出成人依附晤談法（AAI），並依結果將成人或父母的依附關係類型，歸納爲以下四種情形：自主型、過分投入型、漠然型、未解決型。將嬰兒和成人或父母兩者做一比較，會發現愈自主型的父母，愈會教育出安全依附的孩子；過分投入型的成人或父母，會教育出焦慮依附的孩子；漠然型的成人或父母，則會教育出逃避依附的孩子。最後一組因未解組而無法歸類。由此可知，在我們孩提時代，父母或主要照顧者的教養態度會影響孩子未來的人際依附模式，進而影響成人時期的人際關係。

■減輕孤獨感

人是一種社會性的動物，在一份有關廣西某所大學一至三年級學生的宿舍人際關係調查報告發現：大多數學生對於人際親和性都覺得影響力很大，因爲住宿而造成彼此關係是否融洽，情感牽連和榮譽感也會較一般朋友明顯。

美國心理學家馬斯洛（Maslow）曾提及人有五種需求（如圖1-1），其中「愛與隸屬」是關鍵，而愛與隸屬的內涵，不僅是與家人、同儕的互動，更包含了與整個社會環境、社區的關係與溝通。

相對於圖1-1所提之Maslow層次需求論，有學者曾提出

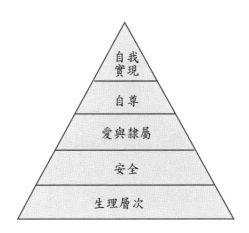

圖1-1　Maslow五大層次需求論

有七層需求，亦即為生理層次（例如：渴、餓、欲望等）、安全需求（可分為生理與心理的滿足）、愛與隸屬（接納、歸屬感等）、自尊需求（自我肯定與評價）、求知需求和審美需求，最終為自我實現需求。可見人際關係的確可以減輕我們寂寞的感覺。

(二) 促進自我瞭解

　　人際關係的另一個功能，是它可以增加我們對自己的瞭解。

　　當我們與人開始接觸後，就會探索自我以及肯定自我。由他人的角度和自我的評價來瞭解自己有的專長與特質，可以由不同的方式來思考自己或看待自己。你常會聽別人說：「我又發現了不同的自己。」就是此意。

　　這就好似一個花朵，當它獲得適度的陽光、空氣和水之

後，就會獲得激勵，而產生所謂的向日性（heliotropism）。除了有如向日葵般，不斷向太陽伸展外，更重要的是有人認為，植物也是有魂魄的，如果你能用心栽培它，它就會開好花、結好果來回饋你。所以有許多名貴花朵的栽種者，都會使用各種方式，例如聽音樂或是舉辦畫展等，使花兒身心舒暢，而綻放出美麗的模樣。在人類的實驗中也是一樣的，如果你今日能聽到別人稱讚你的優點，你一天都覺得身心愉快，有一種被肯定、受重視的感覺。因而人際關係會更增進，這就是藉由溝通和互動的結果，也往往是自我肯定的來源。

　　人際關係的功能之一就是增進自尊和自我價值。

活動1-1　認識自己

　　請先依下列問題寫下自己答案，再向周遭的五位同學分享你的答案。

1. 請描述自己的特質，例如：明智的、依賴的、強悍的。
2. 請描述自己喜歡與不喜歡的事物，例如：我喜歡逛街、我不喜歡吃辛辣的食物。
3. 察覺自己與他人的異同，例如：身高、體重、長相和外在或內在。
4. 學習尊重與負責的行為和態度，例如：我願意傾聽

　　每個人的話、我願意為剛才我冒犯你的行為道歉。

　5. 請你回想這幾年來收穫最多的是什麼。

　6. 你最崇拜的人是誰？他有哪些吸引你的特質？

(三)提供協助

　　史丹福研究中心的調查發現，每個人所賺的錢12.5%來自知識，87.5%來自關係（李順長，1999）。在國外有70%的求助個案，是與人際相處的情感或情緒有關。

　　我們生活在人世間，並非一個人就能完成所有的事物。我們都需依賴別人而生活，這句話聽起來一定有很多人反對。現在舉一個例子來說，「當你生日時，你最需要或希望收到什麼禮物？」有人說想要可愛的玩偶、玩具，當然還有重要的蛋糕。這個蛋糕可有學問了，首先它是許多人要種下大麥，收成後要有碾磨成為麵粉，再將麵粉、水、蛋白、糖等相互混合，倒入模型，放入烤箱，再經過時間烘製，取出後再搭配鮮奶油、水果和巧克力等。所以要吃到一塊蛋糕應該是需要上百人的力量才能完成吧！我們是依賴別人而生活的，有一天我們也會變成被別人所需要的人，所以我們是相互依賴，提供協助，才能存活在這個世間。

　　因為人基本上是一種生物，因此不能沒有刺激而活。人們會尋找各種刺激，來豐富生命。

(四)增進身心、情緒的健康

第四項功能可以分為兩大部分來說明，一是增進身心的健康，另一項就是增進情緒的健康。

目前的人類生活危機愈來愈多，全球暖化的問題（如果你有看過「不願面對的真相」就會明白）、非洲水資源缺乏的問題（近來林義傑以超人意志力，跑了一百一十一天橫越撒哈拉沙漠，就是為了喚起全球人類的注意）、環保問題（廢水排放和鎘米問題）、失業問題、通貨膨脹問題、避免恐怖攻擊的問題，還有就是社會愈來愈冷漠的問題。

這些問題沒有一天不圍繞著我們，讓我們覺得已經不能再像以前只顧及生存環境、是否能存活下來的事情。醫療、教育、生活、科技等各方面的進步都帶給人類極大的便利，卻也帶給人們極大的傷害。資源過度的使用，使得我們即將面臨的是生物的浩劫，而人們之間的漠不關心所帶來的傷害，更是讓人無法存活的痛苦。

■增進身心健康

在增進身心健康部分，我們可以透過上面的敘述瞭解到，我們現在正面臨著與過去不同的時代，在這個社會中不能只顧著自己，而是要達到身心靈的平衡，要注重生活中所需付出和承擔的責任。

在上面馬斯洛（Maslow）的層次需求論中，曾經提及人類行為中有一種需要和別人親近的傾向，這種被別人需要和

需要別人的傾向，正是形成人類重要精神食糧的來源之一。可以說這種想要與人親近的社會行為，是構成一個團體或社會中人際吸引的原因。而由需要和親近中所獲致的感動或情感，是造就人類身心健康的重要因素。接著舉兩個例子來讓大家明白人際吸引為何是人際間友誼和親密的基礎。

例子一

　　有人曾觀察過猴子的生活習性，發現當一隻猴子背部有蟲子叮咬，產生搔癢現象，但是自己卻無法抓癢，於是只能一直忍受。如果這個團體中的猴子都不理會牠，情況愈來愈嚴重，就會發生潰爛，很快的這隻猴子就會產生生命消失的危機。然後另外一隻猴子也會如此，一直循環，有可能猴群的數量就會減少。但是如果當某一隻猴子發生搔癢的現象，卻抓不到時，背後有另外一隻猴子會給牠抓癢，就可一直循環，於是你在參觀動物園時，會發現一種奇觀，就是每一隻猴子後面有另外一隻猴子在幫牠抓癢，由此而排成一個圓圈，結果每位猴子都去除了害蟲和搔癢的痛苦，也使得彼此的感情更好，猴群就愈來愈健康。

　　這是互助的好處，也提醒著我們，如果一個人在團體中是被排擠的，他很快就會產生無助的感覺，進而感到無望而死亡。

例子二

　　如果為人父母發現孩子住院時，有重要他人（如父母、親友、醫護人員等）給予和善的語言、關愛的眼神，及精神、情緒上的支持，孩子的病情肯定會樂觀起來，也會恢復得比較快。

　　你可以想一下，人類最忠實的朋友——狗。牠是唯一不用工作而能謀生的動物；牠只負責看門，有時甚至於只是供人們把玩，如貴賓狗，但是牠卻做一件很重要的事，那就是對主人表示親愛。牠憑著天賦本能，對人表示關愛而贏得許多朋友。可是我們卻對周遭的朋友非常吝於付出我們的關愛，這樣就會出現許多不適切的念頭發生，而覺得人生無趣或是自我容易產生無價值感，也會產生更大的危機，例如：自殺。

　　我們想要在團體或社會中獲得良好的支持，首先要做的就是要學會付出，因為真誠地關心他人，而使自己贏得更多的支持和友誼，看起來似乎是件很划算的事，如能促進自我身心的健康，更是一件超值的組合，所以要心動馬上行動，快些關切在你周遭的人吧！

■增進情緒健康

　　我們一直都在提醒人們情緒智商（EQ）比心智能力（IQ）來得重要。企業目前在選擇人才也是以EQ為主要考量。但是我們如何透過人際關係來增進情緒健康呢？重點即在於「當

下」，就是所謂的立即性。當別人做一件很好的事，即時讚美會使他更願意和積極地去做更多的有益人心的事，這是一種肯定和鼓舞。而發現別人做了不好的事，懇切地建議和設法凸顯機會，會使對方樂意修正自己的行為。

例子三

有一個朋友對於自己的婚姻很不滿意，每次在討論事情時，都會與丈夫的意見相左，甚至於希望每次丈夫都能贊同她的看法，以至於兩人的關係降至冰點。後來她警覺到一直嘮叨丈夫或與他說道理都毫無用處，於是她決定嘗試一個實驗：開始注意他的優點和讓她喜歡的地方，並時時要讓丈夫明白她已經知道他的「好」。幾天後她丈夫回到家時心情明顯變好，兩人的互動也增加了。丈夫的關注與體貼漸漸增多了，也讓她變得比較快樂了。

因為她現在的眼光是專注在正面而不是負面的事情上，這也產生出了正面的態度和能量，在與人互動時也變得更加的舒適。丈夫受了她的影響，也開始把這樣的能量散播給朋友與同事，更造就了自我情緒的愉悅。

其實正向和負向的情緒都能產生這樣傳播的能量，因而我們可以選擇是要讓正向能量影響我們，強化自我認同，進而傳播給他人，有如「把愛傳出去」般地快樂和溫馨，還是每天被痛苦的感覺包圍。我相信人類都會有趨樂避苦的心態，自然會做聰明的選擇。也由此可以看出，因為我們擁有支持性的人際關係，可以將不舒服的感覺轉化成對自我的尊

重，進而改變對自我的看法，使得人類得以繼續生活與工作，而不至於覺得心力耗竭。

活動1-2　熱線你和我

　　請同學拿出一張白紙，並將其捲成傳聲筒的形狀，向你周遭的兩位同學，表達你想向他們借取的東西或需要，例如，握手、知道他們的綽號等。在說話時，都要以「○○同學，我想請求你能夠告訴我，你現在的心情……」為開頭。

　　接著再拿出另外一張白紙，畫出你和每位朋友的關係遠近圖（老師可以先拿出示範板）。在圖上可寫出你對每個朋友的形容、印象最深刻的一件事，再與同組的同學進行分享。分享時必須注意下列原則：

1. 使用傾聽的技巧（請參看第二章）來表示關懷、支持、分享等建立良好友誼的方法。
2. 分享中能適度表現自己，並能互相鼓勵、讚美、欣賞感謝。
3. 說明是否滿意這樣的關係，並對這樣的關係下一個註腳。

　　這個活動是希望我們能夠瞭解人際關係是透過雙方相互信任和相互依靠，而產生持久與親密的關係。大多數的

人際關係都非絕對的，有如愛因斯坦所說的「相對論」，端看你如何與對方相處，來決定遠近親疏。

第二節　人際角色的轉換

　　我們常說中國人受儒家思想的影響深刻，所以在與人交往也與西方社會有所不同，近來也有愈來愈多學者鑽研中國人特殊的人際關係，在此簡單做些整理。一般而言，中國人在人際互動上的特色，是以「情理法」為主，而非「法理情」，所以你常聽到別人說「法理之內不外乎人情」。更重要的是在中國社會的人際互動上，常見「攀親帶故」的特殊方式。

　　依據黃光國教授的說法（請參考本書第46頁焦點論述：中國人的人際關係），中國人交往法則是人情法則：(1)需要時予以同情、體諒和幫助為主；(2)平時以餽贈禮物、互相問候、拜訪維持良好關係；(3)按均等法則分配資源；(4)受恩、受情就需要回報。

　　人情法則包含了均等法則（equality rule）和需求法則（need rule），至於公平法則（equity rule）則比較少。由此我們可以瞭解到「關係」可說是中國人在人際互動上最重要的一環，關係的類別或是關係的有無，都會影響到互動的程度以及彼此對待的方式。

一、人際關係的特性

由上述的討論我們可以瞭解到中國人的人際關係雖與西方社會不盡完全相同，然而他山之石可以攻錯，我們也可以大範圍地來解釋人際關係的特性。

(一)人際關係是種動態的關係

人際關係並非是一成不變的。它會隨著時間、效能而出現不同的狀況。誠如上述所言，人際關係的建立是需要靠著平時以餽贈禮物、互相問候、拜訪來維持。我們對他人的觀感，亦會隨著一些事件或相處情形而產生變化。例如，你原本無話不談的密友，卻因為細故而分開，可以冷戰數個月都不再往來。而過去一直令人討厭的人，卻因為某些事件的合作而成為同仇敵愾的親密戰友。因而我們不能認為關係就是需要一成不變的，也就是說，如果我們想維繫這樣的良好關係就必須要經營，而經營的首要條件便是溝通。

(二)人際關係是具有階段性的

這個部分我們在下面也還會多做一些的說明。大致上而言，人並非一開始就覺得對方是我想要交往的對象，總是要透過認識和進一步的接觸瞭解，才能更加確認對方是否為你想要來往的朋友。例如在電影「BJ單身日記」中，男女主角相遇在耶誕節的宴會上，當女主角看見男主角身上所穿的麋

鹿毛衣時，心中覺得：「這個男人怎麼這樣老土？」但是在
第二集中，男女主角瞭解更加深刻時，女主角就會覺得對方
是她的真命天子。

　　同樣的情形也發生在曾被翻拍成電影、電視劇的《傲慢
與偏見》中，因為初見面時的不瞭解，讓女主角以為男主角
是傲慢的，這種偏見一直到後來彼此更加瞭解後，才發現那
是一種不擅言詞的表露。

　　其實我們真的要討厭一個人似乎很容易，而要喜歡一個
人可就沒有這麼快速了，但是「喜歡」是一種微妙的感覺，
它和愛情一樣，往往沒辦法用言語表現出來，只能憑心靈去
體會。因而當我們在與人初見面時，會有第一印象（參看第
二章），而這個印象會影響我們是否要與這個人來往或繼續見
面。在此真誠地建議能多保留一些空間，不要只憑第一印象就
決定是否將某人當成朋友，或許在第一印象並不好的朋友，到
了後來會是你的知心好友。

(三)人際關係由彼此互動方式來決定關係程度

　　每個人如果同時與十五個人相處，剛開始見面時，大家
所認識的基礎都是一致的，但隨著需求和均等來看，後來大
家所發展的關係可能就會出現不同。誠如前面所述，關係是
相對的，好似跳舞一般，當對方往前進一步，你就會後退一
步，如果兩個人同時前進，就會踩到對方的腳。而我們與人
接觸得愈廣泛，可能就花費了所有的力氣，因而就無法深
入，但如果我們想要顧及深入，就無法太廣泛的交友，因為

上天是公平的，給大家的時間都是一樣的。

活動1-3　走入圓心

　　請同學拿出一張白紙，畫出兩個均等之圓形，在其中一個圓形中，再畫兩個小圓（如圖示）。接著請在你的最外面一層圓形中寫出三位好朋友的名字，在第二個圓圈中寫下兩個，在最裏面的圓圈中寫下一個名字。再向你周遭的兩位同學，分享你寫這些好朋友的原因。

　　接著在另一個圓圈中說明如果經過五年至七年後，你會在圓圈裏寫下哪些人的名字，依照剛才的方式來分享。

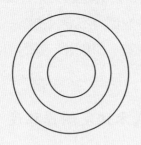

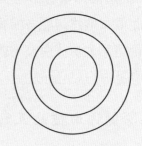

第一次圖形　　　　　　　　修正後之圖形

外圍寫上三位好朋友姓名，第二圈寫上兩位好朋友姓名，最內圈寫上一位好朋友姓名。

(四)人際關係受到物理環境、文化、社會心理和時間因素影響

在人際關係中，每個人都是非常獨特的個體，然而我們在與人相處上會出現受到物理環境影響，而有不同的分析和瞭解。例如，在球場上為喜歡的球隊大喊「加油」，在聆聽音樂會時則會保持靜默。所以我們在不同的物理環境下，會出現不同的行為表現。

有時我們也會因為生活形態、信念、價值觀、行為和溝通團體之不同屬性，而出現不同的行為表現，例如，參加原住民豐年祭和在學校上課時的表現不同，這就是受文化因素的影響。至於在大眾場合宴會的表現和在家用餐的表現不同，則是受社會心理的影響。因為訊號的意義會符合一連串的發生事件，而使人們做出行為表現，這就是受時間因素的影響，而表現出不同的行為，進而與人際關係有相互的連結性（請參看前述人際溝通的情境脈絡）。

上述四項都是說明情境脈絡的影響，然而當我們在經歷不同時空因素時，也會具有不同的經驗、思想、能力、需求、害怕、慾望等，而這些因素都會影響著我們如何與他人互動。

(五)人際關係具有多向度

人際關係並不是單向的，它也會出現不同的類型（types）以及不同的層次（levels）。這些不同的類型，指的是人際關

係可能針對不同的群體，例如與老師、學生，及與家人的關係就會出現不同，表現方式也會不同。而不同的層次，是指關係的不同層面——情感的（emotional）或智能的（intellectual），也就是說所謂內涵部分的不同，我們可能對一個人產生情感的和混合性的關係，也有可能只是單純的理性關係而已。人際關係不能只有單向的由對象來看，還要注重層次和彼此間的關聯性。

(六)人際關係是經由溝通來建立和維持

人際關係中不是只有需求的連結，也不只是分享內容意義，來顯示彼此間的關係。在互動的行為中涉及到人際關係中的兩個層面，一種是呈現於關係中的情感，另一種是人際溝通中的關係本質，此本質在於界定誰是主控者。因此，我們可以瞭解人際關係是經由溝通來開始和維持的。它可以是語言的溝通，也可以是非語言的溝通。但是人們相信非語言溝通的情況甚至於高過語言溝通。而人際關係一旦建立之後，如何經營維繫它，溝通更是扮演著重要的角色。例如：久未謀面的朋友，你一下子要求他為你做事，他一定十分疑惑，很需要你的溝通，方能使他瞭解為什麼需要協助你。

在婚姻關係中更是不可避免的需要溝通，因為結婚後激情很快就消逝，取而代之的是「柴米油鹽醬醋茶」，在每日都沒有時間分享知心話的情形下，很容易因為雞毛蒜皮的小事而有所爭執，此時就會有人說：「今天最好到此為止，休戰、不要再爭了，否則我們可能會再也無法好好說話……」

如果你不懂得退一步或是溝通的技巧，就會使事情變得無法
挽回。因而婚姻關係要成功，仍是需要靠著溝通來做強烈的
後盾。

二、人際關係的發展階段

人際關係的發展並非一下子就進步到好友的階段，因為
我們很少第一次和一個人見面，就馬上變成知己的，也很少
與一個人有深厚的感情，卻突然形同陌路的。因此人際關係
的變化是有階段性的，不論關係的增進或惡化，都是經由一
定階段而產生的。

我們現在舉出Levinger和Snoek（1972）的相互依賴理
論，來說明一個人與他人由不熟悉到發展為親密關係的歷
程，也藉此瞭解人際關係的發展是有階段性的。

當兩個完全不相識的人，走在路上，沒有任何機會或觸
媒讓他們產生互動，就是屬於零接觸，例如擦身而過的路
人、搭車的乘客，或共同聽演說或演奏的聽眾等，大家雖然
都在同一時空或路線上，卻彼此不相識也不交談。

到了第二階段，進入所謂的知曉階段，其中某一方開始
注意到另一方的存在，但是屬於單向的，例如在班上做自我
介紹時，某甲注意到某乙，因為她講了好多好多話，我覺得
她好厲害都不緊張。也可以雙方都注意到對方，例如在電梯
中相遇的兩個人，「我每天上班時都會注意到他，但都沒有
交談，他總是穿著整齊的西裝和領帶，並提著黑色的公事

包」，「我每天都會注意到她今天穿著什麼顏色的洋裝，化著可人的淡妝，有一種特殊的感覺」，這兩個人都留下了清楚又良好的印象，有可能會有進一步的接觸和交談，若第一印象不佳，則不會有再進一步的接觸。

第三階段則進入了表面接觸階段，雙方已開始有了第一類接觸，但接觸或互動是短暫的，說話的內容也很表面，例如在聽音樂會時，與坐在旁邊的聽眾開始攀談，「你也很喜歡聽『杜蘭朵公主』？」「是呀！這部歌劇令我很感動。」「我也這樣覺得。」彼此的品味和興趣若是較爲接近，就會覺得愈談愈有「興味」，可能這場音樂會帶給你的就是個愉快的經驗。

當雙方有了初步的認識之後，彼此的關係就開始發展，產生輕度依賴的狀況，隨著相互的瞭解，依賴的程度也會增加，直到強烈依賴的階段。在相聚時間增加後，也對生活的影響力有相互依存的關係，因而建立了親密關係。例如和你聽音樂會的同伴，你們彼此欣賞而互留電話，而後愈談愈契合，常相約一起聚會或出遊，久而久之互動愈來愈深，話題也愈來愈多，到最後做什麼事都喜歡一起行動。

然而人際溝通並非只含括兩人以上的溝通，由**圖**1-2我們可以看出各種不同形式的溝通方式，以及自身所扮演具有訊息傳送與接受的雙重身分所達到之目標。

DeVito（1994）認爲，人際關係的發展可以分爲六個階段如**圖**1-2所示。

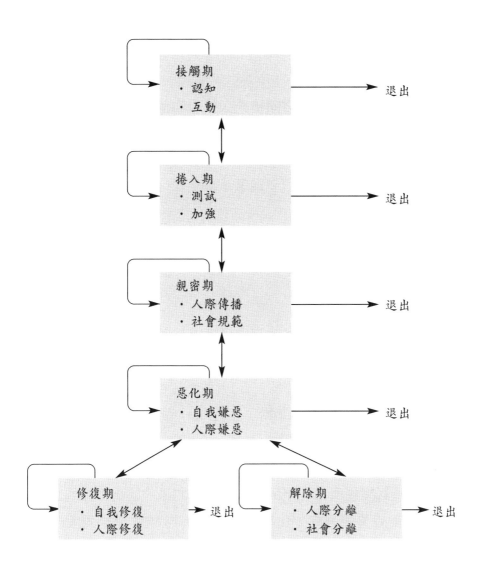

圖1-2　DeVito（1994）的人際關係發展的六個階段

(一)接觸期

　　這個時期是指人們之間第一次見面的情形，每個人都可以透過敏銳的觀察力來瞭解什麼樣的人適合我們與他們交往，其是一種感官或談話的接觸，有研究顯示在最初互動的四分鐘內就可以決定是否要繼續這段關係（Zunin & Zunin, 1972）。

　　我們要如何透過第一次的觀察就決定是否想要與此人來往呢？可以思考以下標準，再進行決定。

■開場白

　　人們第一次見面所交談的內容，通常取決如何開場。在女性的心目中，男性最差的搭訕開頭是「今天天氣很好」或是「妳的美麗和天上的星星一般」。然而這也是見仁見智的說法，有時適度的讚美和鼓勵，卻是很好的開場白。例如，「妳今天穿的衣服和妳的膚色很搭，更襯托出妳的高雅。」、「今天真是個熱鬧的日子，相信妳的心情也不錯吧！」

　　有時對男性而言，開場白是件痛苦的事，因為男性的語言發展和表達原來就不比女性流利，有時總會出現驚人之舉，例如，「妳的裙子開叉得很好，令人嘆為觀止。」惹來的卻是一個無情的巴掌。

　　有時我們應該學會如何與他人建立良好關係，除了家庭中有所訓練的社交禮儀之外，更重要的是，你是否誠心地關

心和讚許他人。這樣的態度，即使搭配再拙劣的言詞，都會令人很想細心聆聽你的話語。

有時候我們也可以鼓勵學生自己組成一個社團來訓練社交禮儀，或者是可以藉由正式活動來讓彼此學習如何與人開始接觸。

■審核條件

人們在剛開始接觸他人時，會先打量對方是否為我想要與之交談的對象。重要的選擇標準，則是我們每個人自成一套的價值觀。這可能與我們自小成長至今的經驗和學習楷模有關。因而有些人喜歡交往的對象，是和藹可親或是帶有善意微笑的人。這裏的審核條件並沒有東方和西方社會的差別，但是卻是有文化上的差別。例如：在中國，你不能帶著黃色玫瑰花，來找尋你喜愛的對象。但在某些西方國家，卻覺得黃色是高貴、典雅的象徵。

因此當我們要選擇交談對象時，請先思考的是文化上的差異和你個人的價值偏好，才不會弄巧成拙。

■決定清楚

這是件很困難的事，有時候美麗或氣質出眾的女性總是吸引著許多仰慕的目光。同樣地，長得帥又高大的男性也是眾多女性眼光追逐的對象。要如何讓自己的意思表達得夠清楚，也讓其他人能自動地知難而退，重點在於你如何做決定。人際關係尚有一個很好的功能就是決策的功能。

我們無時無刻都在做決策，不論是接下來是否要去看電

視、明天要穿哪一套衣服，或者是否該給對方一個微笑與
否，都是在做決策。但有時可能是靠自己就能決定的，有時
候卻需要和別人商量後一起做的決定。而在選擇與誰交談
時，就好似有一天你成為明星後，想要與誰一起走「星光大
道」來得一樣重要。千萬不可三心二意，如果你已選定了對
象，請大方地站在他／她面前，正式地做出邀請，讓對方瞭
解到你的期待而有所回應。也不可以自己做主張，未等對方
回答，直接將對方帶走，這是極不禮貌的行為，也比較容易
造就別人對你的偏見。

■開始接觸

　　這是剛才開場白的加強版。如果你已選定好對象，要與
對方好好交談，藉此來多瞭解此人時，你必須學會並善用這
些技巧。以下我們將其分成非語文及語文接觸來加以說明。
之前有強調過，人們是比較相信非語言訊息的，因此非語文
接觸所帶給初認識者的意義也截然不同，我們將會設法請老
師做良好的示範，來讓大家更加明白其中的奧妙。

・非語文接觸

　　非語文接觸是指關於自己每一方面傳送給別人的訊息。
在此提出幾項重點：

1. 建立眼神接觸：有人認為眼睛是靈魂之窗，透過眼神
   的接觸可瞭解到對方的想法或是態度，但是過度注視
   對方也會引起他人不悅，如何才是最佳的注視範圍
   呢？請大家將手拿出來，在眼尾和上唇線各畫出一條

線，在兩條線的中間，以鼻子為中心點的範圍是最佳
的注視範圍，既非直視他人眼睛（玩自我肯定，看眼
睛大），又不會因為不敢注視對方而太過失禮。

2. 集中你的焦點：在注視對方時，要記得適度的微笑，
偶爾游移一下目光，但不可以眼睛一直看著別人或其
他地方，讓對方覺得你似乎心不在焉，這樣地交談很
快就沒有辦法繼續。

3. 縮短兩個人間的距離：如果兩人想談比較隱密的問
題，似乎離開宴會現場，找個幽靜的地方是個好主
意。但是若是場地不允許，可以設法與對方站近一
些，讓對方覺得你是誠心地與他交談，也可避免因過
度喧鬧，而聽不清楚對方的聲音。但是請避免將手任
意放在對方的肩上或直接牽起對方的手，如果是異性
更需要注意此點，以防範可能造成「性騷擾」的指
控。

4. 保持開放溝通姿態：這是一種和他人互動的意願。如
果你一直雙手抱胸，對方可能會覺得你表現出很高傲
的樣子，無法再進一步和你溝通。因此，輕鬆、開放
的態度和身體微微前傾，反而會使對方感覺到你很關
切他接下來想說的話。

5. 加強正面的行為：所謂正面的行為，指的是適度手
勢、握手和愉悅的微笑。當然，如果你有更優勢的行
為表現，將會帶給你更多與他人接近的機會。

6. 避免過度暴露：此為第一次接觸，我們應該要避免剛

開始就向對方說出自己所知道的秘密或他人的隱私，因為這會使對方覺得有時言不及義，有時又太過八卦。雖然現在有時候我們也偶爾會與他人談及一些社會新聞，但都只限於親密的好朋友。對於第一次見面的朋友，還是保持中立是最好的態度。除非宴會主題十分明顯，否則不要輕易表態。

· 語文接觸

　　非語文接觸透過語言的襯托，將更顯得談話的重要性。

1. 自我介紹：這是可以表現自己和瞭解與你交談者，有哪些部分相同和相異之處。在平時就訓練好中英文的自我介紹是必須的。有時候自我介紹不能太長，否則聽者很容易就會忘了你的姓名或你想要談話的重點。

2. 將注意力放在他人身上：有人喜歡一開口後就沒完沒了地說自己的優點，或是我們所謂的「打岔者」（第二章說明）。意即當發現這個議題造成他的焦慮時，就容易轉移焦點或逃避話題的人。這樣容易引起他人反感，而不想和你繼續交談。

3. 交換好處／酬賞：有時候交談是為了某種「交易」，並非是商場上的交易，而是為了讓對方感覺到舒適，因為有好的結果，使得對方更加樂意交談。

4. 有活力：交談有時候是為了某個新發現，或是更有興趣的事，交談的內容如果只是繞著陳年舊事，會讓人覺得了無新意，甚至於覺得興趣缺缺。如果在交談時

能讓對方感覺到有生命力，這次的會談就是有建設性，甚至是愉悅的交談。因而如何展現自己的優點，讓對方「想」要和你交談下去是需要加以學習的。

5. 避免負面及太親密的自我揭露：剛才已經提及對於第一次見面的人，就時常提及負面消息，會讓人不舒服，而太過親密的揭露，也常會令人無法適應。最好話題能繞著目前的狀況，方是安全的。

6. 避免是不是的問題及快速的問題：有時候與人交談，你很想多談一會兒，但是常常很快就結束，這就是談話技巧不純熟的緣故，例如：「你剛才好像吃了好多個漢堡。」這是個肯定句，有時難以令人回答。或是提出「是不是」的問題，沒有太多可以說明的，很快就會解決了。例如：「明天的棒球賽，你會去看嗎？」這些可以快速回答的問題，一下子就沒有話題可談，完全引不出個人想談話的渴望。

■使用綜合性話題

緊接著語文接觸之後，必須要深入的，就是如何使用綜合性話題。我們既不想很快地結束談話，又不希望聽起來很沒有深度，好像在哈啦。最好的方法是，瞭解對方的需求，引起對方想要談話的興趣，而且不只是在繞圈子。例如：「你今天來參加這個宴會，一定是對某個主題有興趣，這個部分我也很想知道如何可以使它做得更好？」

■創造良好的印象

談話需適可而止、意猶未盡方是高招。千萬不可以像某些媒體記者般咄咄逼人。要懂得讓對方覺得我們是有心想要更進一步地瞭解相關的訊息，對方自然樂於提供。

■建立第二次會面

我們都希望能與交談甚歡者，一直交談下去，但是限於時間因素，因此我們可以使用邀請和徵詢的語氣，請求第二次的會面機會。例如：「我今天和您的交談，感覺非常愉悅，在剛才的談話中讓我受益匪淺。但是時間總是不等待人，好似才剛開始又要結束了，實在很可惜。我想如果時間允許的話，可否讓我們另外約個時間，再繼續剛才的話題？」

(二)捲入期

在捲入期有相互依存和牽連的感覺產生。此時會加強第一印象的部分，也是測探對方有無繼續交往的意願，會有試探行為出現，對表面化話題較開放。屬於彼此開始認識（acquaintance）的階段。也有人認為這是人際相吸的階段。

在這個階段中，個人會進一步地去瞭解對方，也讓對方瞭解你，也就是處於測試（testing）的階段，一旦通過「測試」，接著可能開始強化（intensify）彼此的涉入程度。

人際的相互吸引是由接觸期而來，總是會帶給彼此更進一步的機會。但是在這個階段中的測試也常會帶來一些困擾，因而我們可用以下策略，來使我們的測試更加地順利。

■直接

有些人在進入此階段後，就開始表現得比較積極，例如，直接詢問對方對你的觀感，或是可以更勁爆地詢問對方對你的喜愛程度，如果他的回答是善意的，就大聲公布彼此的關係。

■忍耐

有人會在這個測試階段，來瞭解對方對你的忍耐程度有多高，藉此明白這個人可不可以包容他／她的缺點。例如，做出很多令人不解的行為，濃妝艷抹或是出現不太好的行徑，如果對方可以忍耐，表示可以繼續地交往。

■間接暗示

有些人在此階段會不好意思直接瞭解對方的意願，而是透過兩種方式來瞭解，一是請託認識他／她的朋友來詢問，二是藉由活動，看他／她在團體中的表現如何來做決定。

■公開表現

在公眾場所明白表示對對方的好感，甚至於會一起出席公開活動來顯示兩人的交情。現在流行的廣播節目點播音樂，也是一種表達方式，或者是在KTV唱歌時，專門選擇男女對唱之歌曲，正式表達看法。

■分離

有人認為在此階段要保持若即若離的態度，這樣才能讓對方感到思念。而這種思念的強弱就是瞭解對方的在乎程

度，也就更容易明白兩人繼續交往的可能性。

■第三者

這是一個殘酷的測試。有兩種方式可以瞭解對方的想法，一是假扮愛慕者在追求你，有意地讓對方知道，看對方會不會吃醋，二是找一個具誘惑性的人去追求對方，看對方會不會動心。不過在做此測試前，要先明白自己對對方的情感付出的程度，如果你已陷入很深或者是單戀已久，不建議做此項測試。當然也有人認爲婚前認清楚一個人比婚後受騙來得好，這也是個見仁見智的問題。

■三角關係

刻意讓對方知道，你正陷入危險的三角關係中，該如何解決？對方的態度可協助你決定是否需要有進一步的交往。

案例討論

如何維持長久關係

有人認為時空不是距離，身高、體重、家世、外表都沒有關係，最重要的是兩個人真誠地在一起，無論是友情或是愛情，都應該有一顆包容、真誠無偽的心。但是社會變遷，日前新聞報導：竟然有女性要訂婚時，才發現交往了三、四年的男友早有家室，這個打擊不可謂不小。

◎我們如何能與對方維持「有點黏又不會太黏」的關係

呢？

◎ 想要談遠距離的戀情，我們又該注意些什麼呢？

(三) 親密期

在通過「測試」後，大部分的人都會讓關係更進一步，就是開始讓交談的內容變得豐富有趣，常常行動一致，也比較常會在價值觀上有所溝通。

這應該是在結婚前，兩個人最甜蜜的時光，除了過馬路時，牽牽小手，一起過生日、買禮物，也會重視對方心情的變化和意見。開始把對方當成我們重要的人，我們最要好、最親近的朋友、戀人或伴侶。

這個階段比之前更進一步的是，我們會與對方有了承諾，而這種「承諾」只能對少數人做，不可能對很多人做，例如，承諾何時拜會家人。

在親密期的承諾，又可分為二個階段：一是人際承諾，就是雙方以某種私人的方式彼此承諾，有如古代的「私訂終生」。還有一種是社會連帶或稱社會約束階段，此時候的承諾就是由大家來認定，例如，訂婚。

雖然有許多人在此階段是甜蜜的，但是在社會約束或承諾階段，卻會出現一些不安的現象。這些不安的原因包含：

1.安全上的不安：總是感覺對方訂完婚就開始不那麼在乎自己。

2.滿足上的不安：感覺對方不再像之前般噓寒問暖，敷衍了事的狀況增多，或是常常忘了你所拜託的事。

3.刺激上的不安：常會有言語或是價值觀的衝突，比較不會有退讓的感覺。

(四)惡化期

長輩常說：「人無百日好，花無日日紅。」在親密期之後，有可能因為外在環境的改變、衝突和價值觀不一致等因素，而使得親密關係開始變質。這個階段大家都會經歷許多心情上的不舒適或是對對方的不滿。使得關係的束縛變弱，有時會急凍成為冰點。

在此階段我們通常會經歷兩個部分的變化，一是我們內在的不滿愈來愈多，例如：男友總是藉口創業之初，需要花心力在事業，而常與公司小妹加班到很晚，對於妳的抱怨，常是安撫，但並沒有改變現況的意思。二是我們已逐漸不能忍耐對方的作為，而使彼此朋友間都開始交惡。後者是比較嚴重的狀況，有時候會出現兩個當事人已和好，而其他朋友仍在大戰或討厭雙方的狀況。

當然也並不是所有人際關係都一定會進入惡化期。只是人際關係的變化和進程是不可能長期停留在某一個時期。也有人認為經歷過惡化期，才知道更珍惜對方，或是觀念、目標和行動才會更一致。不過惡化期後，也會出現兩種狀況，

一是修復，二是解除。

(五)修復期

　　此階段是指預防性的維持，當雙方關係惡化時，有些人會選擇再給雙方一次機會或冷靜一段時間來思考，或許還是覺得「舊愛最美」，就會試圖修復彼此的關係。但也有些時候，雙方直接進入解除期，逕自決定分手。也因此這個階段就變成是一種選擇性的（optional）階段。

　　一般而言，修復期會出現兩個步驟，首先是個人自身的修復，意即如果我們想要這段關係再恢復，必須先做好自我調適。例如，我們常說：「寬恕別人是為了放過自己。」同樣地，當我們尚未思考清楚，自己還未做好準備，又如何與他人修復關係呢？第二個步驟是人際修復期，意即當我們已經決定要修復關係時，就必須先釋出善意，接著要與對方好好說清楚，然後才能擴及周遭的好友。

(六)解除期

　　到了這個階段，可以說是想要切斷人與人之間的關係。也就是讓彼此的關係終止。這是最後一個步驟，也不可能再重來，因此如果真的必須走到這個階段，就要思慮周全，因為它同樣也是要經過兩個步驟，一是人際分離，就是要先切斷與對方的關係，不見面、不接電話等行動出現。二是社會／公眾分離階段，意即離開對方的生活圈，還給彼此自由，到此狀況已是難以挽回的情形。

焦點論述

中國人的人際關係

費孝通（1986）根據早年在中國農村的調查研究，提出「差序格局」概念。他認為中國人人際交往模式有自我中心主義的特色：以自己為中心，把與自己相互交往的他人按親疏遠近分為幾個同心圓圈，與自己越親近的，在與中心越貼近的小圓圈內。差序格局是指我們以不同的交往法則來對待屬於不同圈層裏的人，跟中心越接近的，對他們越好。

黃光國（1988）依據社會交換理論提出人際交往的人情與面子的模式，來解釋中國人的權力遊戲。他將人際關係分為三類：情感性、工具性及混合性。情感性關係是一種長久穩定的社會關係，交往法則是以需求為主，交往目的是以滿足雙方之關愛、溫情、安全感、歸屬感等情感方面的需要為主。

至於工具性關係，是一種不穩定的關係，主要是指店員與顧客，公車司機與乘客，護士與門診病人之關係。這類關係之交往雙方主要是想從對方那裏獲得各自所希望得到的某些資源，關係的維持是獲取各自所需的手段，沒有什麼情感可言。混合性關係雙方的交往是最需要運用人情和面子的。

　　人情是強調在差序性結構的社會關係內維持秩序的重要性。在混合性關係中，交往雙方彼此認識而且具有一定程度的情感性關係，但其情感性關係不像原級團體那樣，深厚到可以隨意表現出真的作為。人際交往的特色是特殊化、個別化的，亦即針對與特殊個人關係而給予特殊待遇。

　　交往法則是人情法則，是普遍性均等法則的各國版本。人情法則是指：(1)需要時予以同情、體諒和幫助為主：(2)平時以餽贈禮物、互相問候、拜訪以維持良好關係：(3)按均等法則分配資源：(4)受恩、受情就需要回報。

　　這種人際關係分類是描述及總結了人們在實際交往中所顯現的幾種典型。有的則以考慮功利為主，交往方式是以互利為原則。黃氏的這種資源交換或人際關係的分類，主要是在兩個交往維度上來分類的：情感交流及工具交換。那麼它的人情法則照理應該是需求法則與公平法則中間的，或者是混用的一種法則，不應該是一種性質完全不同的均等法則。

　　討論一：

　　你贊同黃光國教授所提出之「人際交往的人情與面子」的模式嗎？

　　討論二：

　　中國人的人際關係是否確定可以分這幾類，請提出你

不同的看法。

討論三：

中國人習慣把人際交往中對社會角色義務的考慮放在對個人喜好及情境需要的考慮之上嗎？

◎說明：

人際關係分類的研究，如果不能提供由一類進化或退化到另一類的可能性及可能途徑，那麼就忽略了人際關係發展的問題，黃氏固然曾指出工具性關係在一定的條件下可以晉升為混合性關係，但它卻沒有指出透過何種途徑可以這樣做，在它的權力遊戲運用模式中，沒有考慮到角色義務與期望所可能扮演之角色的問題，也就是應然與實然的問題。

名詞解釋

親密距離	工具性關係	差序格局
社交距離	相互依賴理論	知曉階段
編碼	社會心理情境脈絡	表面接觸階段
物理情境脈絡	文化情境脈絡	時間情境脈絡
依附關係	Maslow層次需求論	向日性
接觸期	捲入期	惡化期
親密期	修復期	解除期

作業提示

1.人際關係的功能有哪些？

2.人類有哪三種依附類型？

3.人際關係的特性包含哪些？

4.黃光國教授認為中國人的人際關係可分成哪三種類型？

5.Levinger和Snoek（1972）所提的相互依賴理論，包含哪些階段？

6.DeVito（1994）認為人際關係可分為哪些階段？

7.請舉例說明如何在捲入期階段，瞭解對方的心意？

（其餘請參照內容中各案例討論或活動）

參考書目

李順長（1999），贏家與輸家的差異，1999年3月2日至3日在工研院演講之部分內容。http://web.ydu.edu.tw/~edward/choice/900/934.htm。

柯淑敏（2001），《兩性關係學》，台北：揚智。

洪英正、錢玉芬譯（2003），DeVito原著，《人際溝通》，台北：學富。

陳皎眉（2004），《人際關係與人際溝通》，台北：雙葉。

黃光國（1988），《人情與面子：中國人的權力遊戲》，台北：巨流。

費孝通（1986），〈三論中國家庭結構的變動〉，《北京大學學報》，第3期。

Ainsworth, M. D. S. (1989). Attachment beyond infancy. *American Psychologists*, 34(4), 932-937.

Bowlby, J. (1969, 1982). *Attachment* [Vol. 1 of *Attachment and Loss*]. London: Hogarth Press; New York, Basic Books; Harmondsworth, UK: Penguin (1971). ISBN 0465005438.

Devito, J. A. (1994). *Human Communication: The Basic Course* (6th ed.) . New York: Harpercollins College Publishers.

Hall, E. (1959). *The Silent Language.* New York: Doubleday.

Hall, E. (1969). *The Hidden Dimension.* Garden city, NY:

Doubleday.

Kelley, H. H., Berscheid, E., Christensen, A., Harvey, J. H., Huston, T. L., Levinger, G., McClintock, E., Peplau, L. A., & Peterson, D. R. (1983). *Close Relationships.* New York: W. H. Freeman.

Levinger, G., & Snoek, J. G. (1972). *Attration in Relationship: A New Look at Interpersonal Attraction.* Morristown, NJ: General Learning Press.

Main. M., & Hesse, E. (1990). Parents' unresolved traumatic experiences are related to infant disorganized attachment status: Is frightened and/or frightening parental behavior the linking mechanism? In M. T. Greenberg, D. Cicchetti, & E. M. Cummings (Eds.), *Attachment in the Preschool Years* (pp.161-182). Chicago: University of Chicago Press.

Schachter, Zalman (1958). *The First Step: A Primer of a Jew's Spiritual Life.* Winnipeg, Canada: David Jackson, ca.

Zunin, L. M., & Zunin, N. B. (1972). *Contact: The First Four Minutes.* Los Angeles, CA: Nash.

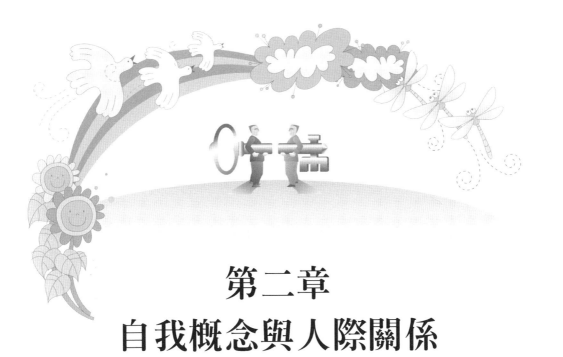

第二章
自我概念與人際關係

摘要

本章重點在於瞭解自我概念的意義與內涵、人際吸引的因素、自我知覺歷程與謬誤修正。自我概念的內涵包含：(1)生理的我或身體的我（phsical self or bodily self）；(2)智能特質；(3)心理的我（psychological self）；(4)社會的我（social self）；(5)道德的我（moral self）；(6)家庭自我（family self）；(7)真實的我或現實的我（real self）；(8)理想的我（ideal self）。

自我概念是由四大部分（自我的評估、他人的回饋、社會比較和文化的影響）相互影響而來。

自我概念的特徵為：(1)自我概念相當主觀；(2)自我概念是學習來的；(3)而且可以改變、自我概念的改變需要一段長時間；(4)自我概念中愈接近中心的信念愈難改變；(5)自我概念會自行增強；(6)自我實現的預言。

人際吸引的因素：(1)外在吸引力；(2)時空的接近；(3)喜歡的互惠往來；(4)能力；(5)態度相似；(6)需求互補。

自我知覺（self-perception）是指個體試圖瞭解自己的認知過程，亦即個人對自我意象的評定和看法。

知覺過程的錯誤有可能是因為：(1)遺漏了某些訊息；(2)對事情做過多的解釋；(3)對兩件事做錯誤的連結；(4)對事情真實狀況或特徵不瞭解，而做了錯誤的猜測。

　　對於以上四種錯誤的知覺，可能形成以下幾種狀況：(1)假設的一致性；(2)初始效應；(3)時近效應；(4)月暈效果；(5)刻板印象。

　　影響自我揭露的因素：(1)團體的大小（group size）；(2)喜歡（liking）；(3)相互性（reciprocity）或對稱的；(4)漸進的；(5)性別（gender）；(6)性格（personality）；(7)文化（culture）；(8)危機（crisis）。

　　自尊型態：(1)基本自尊；(2)功能性，情境性自尊；(3)防禦性，假性自尊。

　　自尊程度影響個人面對危機時的因應方式及復原速度：

1. 造成心理創傷的主要決定因素來自危機（創傷）事件本身的特性。

2. 創傷壓力反應的型態，視其個人的童年史、情感衝突及調適能力而呈現不同方式。

3. 低自尊的個人面對創傷壓力時，比較容易崩潰；自尊較正向的人（較高度社交性、對掌握自己命運能力有強烈自覺者），對逆境較有抵抗力——與社會保持聯繫及採取積極因應策略，並相信有方法可以去克服挑戰。

4. 沒有權力（power）、和他人關係不深的人，最可能受傷且持續時間長。

前言

　　人生活在世間總有許多的經歷，您對於您人生的看法如何呢？Erikson學者曾提出：人到了六十五歲之後會進行所謂的「統整／絕望」階段，此階段可以做很多人生問題的回饋。現階段的我們想要知道的是：如何由瞭解自我進而做到對人生的負責任呢？我們試圖由下列方法來做。

1. 請問當別人要你在一分鐘內做自我介紹時，你會如何介紹自己？
2. 你覺得你最吸引別人的地方是哪些部分？
3. 你覺得你與人溝通的特質是哪些？
4. 你覺得你現在扮演的社會角色有哪些？
5. 你覺得與別人做自我揭露時，你最在意的是什麼事情？

　　由以上的回答中可以瞭解到你對自我的看法，但是人都有許多面相，你所認識的自己是否真是「真實的自我」呢？

　　在此我們做一個小小的測試：如果現在有三個象徵物讓你來形容，每個象徵物都要寫下三個形容詞，你會如何形容呢？

　　象徵物：花、海、牆

　　（答案將於第66頁公布）

第一節　自我概念的瞭解

自我瞭解包含了對自我的認知和情緒的覺知，在此我們首先要提出相關「自我概念」的意義與內涵。

一、自我概念的意義與內涵

自我概念（self-concept）是指每個人對自我的瞭解，亦即每個人對「自己是個什麼樣子的人」的一種認知或感受程度。乃是個人透過他人，而間接對自身行為表現的一種主觀的知覺與評估。它包括了自身存在的知覺，以及對身體、能力、性格、態度、思想、興趣、慾望等方面的一種統整的評估與感情。

自我概念不僅影響個人，也影響自我與人際間或是和環境間的關係。例如有位職員覺得自己很有人緣，能力也算不錯，表現出來的行為舉止也是很有自信，他人自然也樂意與他接近，而更多的人願意協助他完成事情，領導者看到後也會更加賞識他，而使他有更好的發展前景。這就是他與人際和環境間互動愉悅後所得到的結果，也更加確認他是一位有人緣和能力的人。

(一)自我概念的內涵

自我概念是指一個人對自己的行為、能力或價值觀的感覺、態度及評價。那麼自我概念究竟是由哪些部分組成呢？我們可以由自我的發展來作一些瞭解。首先自我概念的內涵包含了以下幾個部分：

■生理的我或身體的我

自我發展最早出現的是與身體或生理相關的自我看法，它是其他發展的基礎，如對自己健康、身體狀況及容貌的看法。此部分與先天的狀況比較有關，也改變不大，期待能抱持接納的態度，把精力放在可以改變或收穫的部分，以提升成就感並建立更積極的自我價值。

■智能特質

是指個人的智慧能力，如記憶、辨識、判斷、推理與創造等能力，這方面少部分是先天的，大都是可以藉由教育而學習成長，只要努力都可以進步，進而提升自己的信心。

■心理的我

自我對自己內在心理歷程，如學習與適應能力、自我信任和負責等心理感受的自我評價，以及外在的態度與表情。指個人對個人價值與能力的評價。在日常生活中，透過嘗試錯誤與成功經驗，人們會逐漸對自己的能力形成固定印象。這種個人對自我能力的評估，會影響到他所設定的目標水

準，進而導致截然不同的績效表現。

■社會的我

　　個人對於所擔任的社會角色（包含家人、學習者、職場工作者和其他重要角色等）、人際關係以及社會對自己的期望、社會人士對自己的評價。指一個人在與他人交往中對自己的能力、價值的一種看法。社會我影響到一個人人際關係的發展，而發展的結果也會反饋回來影響到一個人的社會我，於是形成了善性循環或惡性循環。此部分大都是學習而來的，可以透過適當的學習而有改變，有助於積極自我概念的建立與信心之提升。

■道德的我

　　個人對於道德意識、道德判斷與道德實踐是否能一脈貫通的建立與實行，與對自己的品行與情操的評價。如果一個人覺得自己觸犯了良心道德的底限，往往會引發罪惡感或是不斷地自責，甚至於自我批判，對自信心與能力表現造成一大傷害。唯有在成長過程中積極提升道德認知層次，得以建立良好的道德我。

■家庭自我

　　意指個人對自己身為家庭中成員的價值感及勝任感。家中成員應負起的社會責任，例如參與家庭定期聚會、奉養父母及教養子女，或是學習與父母和兄弟姐妹溝通等。

■真實的我或現實的我

個人對自己所擁有的一切，做忠實、客觀與正確的評價。清楚地瞭解自己目前所處的環境，及可運用現有資源達到未來的目標。

■理想的我

個人自我期許想成為怎麼樣的人，並對未來的願望與抱負作一番評估，擬定目標去實現。每一個人心中都有一個假想目標，用以鞭策自己往那虛構的目標前進，藉以達成圓滿的形象，它是個體行動的原動力。

案例討論

父母對孩子的影響

每一個人在成長過程中，他人的對待方式，會讓他們學會如何看待自己。根據瞭解，照顧者對小孩的自我概念最具影響力，其次是兄弟姊妹、朋友或老師。而主要照顧者所扮演的角色和所擁有的特質，也往往是兒童學習的目標和楷模。

在台灣有許多身心障礙者都努力地生活著，覺得人生有極大的意義。在此舉例楊恩典，她如何從失望中去適應自己的殘缺，進而重新改寫自己的人生。

先天無雙臂，右腳殘，僅左腳正常，被遺棄在肉攤的楊恩典，當地警察局問遍各家育幼院，無人願意領養她，

唯有擔任六龜山地育幼院院長的楊師母林鳳英女士，一聽到關於她的事，就親往岡山警察局，將她抱回撫養。當楊爸爸看到楊恩典的第一眼，憐憫地說：「這是上帝的恩典」，所以取名「恩典」，很多人質疑地問：「她沒有手臂，怎麼叫恩典？」楊爸爸總是笑嘻嘻地回答：「她沒有雙手，上帝免除她的勞役，這不是恩典是什麼？」

楊恩典八歲時，日本無臂少女白井典子造訪六龜育幼院。看到典子能夠靈巧地摺出紙鶴、用腳開車、打電話，而她只會用腳洗臉、刷牙和寫字，也強迫訓練自己學會摺各種紙製品、壓花和上廚房做蛋炒飯。典子擴大了她對雙腳的想像空間，為自己開始尋找在台灣社會立足的一片天空──繪畫。楊恩典國中開始對繪畫的興趣愈來愈濃厚，先後拜過國立藝專教授楊鄂西、王瑞琮學國畫，在為她開辦的第一次畫展上，楊牧師以不具名的方式買走恩典生平所賣出的第一張畫，以此來鼓勵她努力向上的信心。恩典每每想到爸爸楊煦牧師及媽媽林鳳英師母多年來對她所付出的愛，就深深感恩，期許自己要繼續做一個有用的人。

一九九四年楊恩典第一次應日本之邀在東京等地舉辦個展，一九九六年赴美國加州舊金山教會及學校舉辦巡迴畫展，一九九七年經引薦參加吳健雄基金會義賣大會，與張大千、張杰、黃光男等前輩畫作一起參與義賣，這對她來說鼓勵作用很大。現在楊恩典每逢週日會回到六龜育幼院，現場義賣畫作。能夠自力更生，並且有能力幫助他

人，對於她來說，是最幸福的一件事。（取材自 http://home.kimo.com.tw/hi1235699/）

◎你覺得楊恩典由她養父母身上學習到什麼？
◎如果你有機會關懷身心障礙者，你會採用何種式接近他們、關懷他們？

(二) 自我概念的形成

由上面的例子，我們可以知道自我概念的形成絕對不是只來自某一方面，它可以透過以下的管道來逐步形成。

■自我的評估

個人對自我所產生的形象，有些是來自我的衡量。這些自我評斷的標準從何而來？也大都與社會價值觀或約定俗成的觀點有關。例如：由自我的感官（眼睛、鼻子、耳朵等）來直接經驗；覺得自己長得還不錯、唱歌時高音唱不上但是至少不會走音、還有一些小小的存款等。

透過自我觀察發現自己喜歡或不喜歡什麼？有時候可以透過情緒感受和外顯行為也可以瞭解到。但這絕對不是唯一的觀察，應該蒐集多次經驗再作瞭解會比較來得準確。例如：你常在大庭廣眾下表現失常，有時候會冷汗直流，有時候會有出糗的現象，但並不能以兩次經驗來說明自己是不適合站在台前的，或是缺乏表現的特質。我們只能說，當遇到

比較不能掌控的環境時，就會有緊張的感覺，有時會比較嚴重，不能表現得很好，有時會比較輕微，只是肌肉緊繃，因此去除的是緊張的狀態，而非完全不能上台。

這些來自我感受或直接經驗的自我瞭解，可以協助我們瞭解自我的外表、能力和特質、興趣，但是這只能是自我概念的其中一部分，更重要的是他人如何看待我們，可以更讓我們瞭解自我的狀況。

■他人的回饋

一個人的自我概念不是只有來自於自我的感受與經驗，有時還需要與他人的看法相互映證後，才能確知自己真的擁有這些特質。一九一二年，Cooley以社會學觀點探討自我，強調個人與社會的連結關係，以「鏡中自我」（looking-glass self）來說明，個人對自己的概念是由他人對自己的知覺所反映出的自己，瞭解到社會中他人對自己的認識與評價（蔡文輝，1998；黃麗萍，2003）。

在此我們進一步的說明，例如在孩提時代，父母可以忍受孩子哭泣的時間長度，及為孩子換尿布、餵食和洗澡時，是覺得例行公事的態度抑或是使用溫暖的語言安撫他們，這些都會影響到孩子的感受，進而產生對自己受不受喜愛的觀感。

在「新生命的誕生」一片中提及，當孩子想聽見母親說話時會中斷吸食母奶的動作，孩子即使犧牲一部分的營養也沒關係（就營養經濟的觀點，沒有中斷的吸奶行為，才是充

分利用了營養）。進而也會跟隨著母親上揚的尾音，而做出回應，可見母親與孩子間密不可分的關係，是來自於母親透過行為表達愛與關懷，使得孩子得以感受、體驗，進而形成自我的意象。

鏡中自我的評價，也並非每一個人都可以影響，就社會學的觀點，只有重要他人（significant others）所提供的訊息，才會讓我們覺得重視。這些重要他人包含父母、兄弟姐妹及師長、好友等。例如：嬰兒常被父母擁抱、聽到他們說「我愛你」時，父母表達的是一種喜歡與愛，若出現頻繁，小孩則認為自己是有價值的、值得愛的。當小孩常聽到的是「你不乖」或「你沒出息」，則容易發展出無價值感與不被愛的感覺。在學校也是一樣，如果孩子所接受到的是被鼓勵，他就會嘗試去做這件事，但是孩子如果聽到的都是拒絕，則會一直提不起勁來追求所想要的東西。

當孩子愈來愈大後，重要他人的影響也就會變得比較不重要，有一部分是自我概念已逐漸成形，另一部分則是自我對於他人的回饋會加以瞭解才會接納，不會一下子就隨著稱讚或責難，而有太多情緒上的變化或自我劇烈地改變。

■社會比較

我們常會以與同儕比較的過程，藉以形塑自我形象。例如，在考完試後，老師可能做班級性或全校性的排名，藉此激勵學生。也可能我們會用某種技能或是學習來瞭解自己是優於他人或次於他人？

　　不論我們是如何看待自己，首要的重點是參照團體（ref-
erence group）的選擇，如果選擇的是不適當的團體，極有可
能是相比較之下爲次等或是普通而已。在教育界過去有個說
辭，稱爲「大魚小池」政策，一個在鄉間學校考試第一名的
學生，可能他在與都會學校學生相比時，較爲遜色，但是在
鄉間學校他可以自信滿滿，每天快樂學習。有人把這樣的想
法印證中國一句俚語，稱爲「寧爲雞首，不爲牛後」。

　　另一方面，社會比較也指出自我與他人相同與不同的部
分，例如：在「舞動人生」影片中，小男孩的父親原先想送
孩子去學拳擊，沒想到孩子被隔壁小女孩們跳芭蕾舞的景象
吸引，於是轉而向老師學習芭蕾舞。在那個社區是沒有男孩
子這樣做的，剛開始父親一直不同意，直到他看到孩子在他
面前跳舞的情形，才豁然開朗，原來孩子對芭蕾舞是有天賦
的，才毅然決然帶孩子前往倫敦，參與皇家芭蕾舞學院的招
生。這就說明了參照團體在影響我們如何形塑自我觀點時的
重要性。

■文化的影響

　　在自我概念的形成中，文化是不可或缺的一環。筆者在
某次「成長環境影響」的課程中瞭解到，大多數的大學生都
會對成長環境中所造就的信念、價值觀和態度，有深厚的感
受與經驗，甚至於會影響一個人未來對所處環境的認知和適
應。例如：你信仰的宗教、種族，及你個人生活標準和工作
職場的處世原則，都會讓你在自我意象中，逐漸產生賦予或

信任自我的狀態。

　　如果你表現出文化中大家所期待的形象時，你可能帶給大家的印象就是好的，進而增進正向的自我概念。如果你的表現並非文化所允許或不符合期待，可能就會出現負向的自我概念。

　　在東西方文化中有極大的不同，西方社會是高度的個人主義，而東方是受到傳統的文化影響，通常都是集體主義。這兩者文化的差異常會在每天的互動中出現。例如：在西方社會中允許人直接表達意見，但是在東方文化中重視整合、連結與和諧的狀態。

　　在族群上也是重要的特徵，別人和自我如何看待自己並與之溝通會有相對性的影響。例如：你是主流意識的族群，你的想法就會跟隨著目前的趨勢而改變，甚至創造屬於你們的意識形態；但是非主流意識的族群則只能接受，而不能有所反抗，相對地就會弱勢，如果同樣以「我是誰？」這個問題而言，就會使人產生與族群相關聯公平與否的對待，也就會有感覺是否有「差人一截」的感受。

　　由上面所列，自我概念是由四大部分（自我的評估、他人的回饋、社會比較和文化的影響）相互影響而來。我們參考Devito（2003）圖示，繪製如**圖**2-1。

第56頁測驗答案：
花是指自己眼中的我；海是指別人眼中的我；牆是指真實的自我。

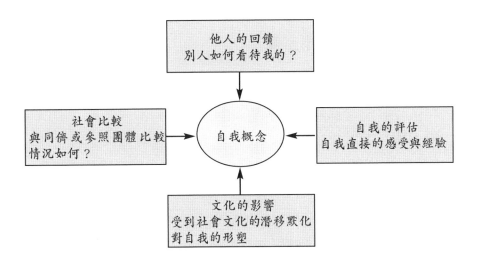

圖2-1　自我概念的來源

參考來源：陳皎眉（2004），《人際關係與人際溝通》，台北：雙葉書廊，頁50。

二、自我概念的特徵

　　雖然有多人相信自己很瞭解自我，但是它也可能是被扭曲的，對於亞洲許多國家的孩子而言，對自我常是沒有太多的信心。例如：聯合國曾提出一個問題來考驗各大洲的孩子，「請針對第三世界國家提出糧食短缺的問題，提自己的看法。」結果是：美國的孩子不知道何謂第三世界國家？歐洲的孩子不知道何謂糧食短缺的問題？亞洲的孩子不知道何謂自己的看法？可以想見，我們並不是那麼眞實的瞭解自

己。我們列出五項與自我概念相關的特徵。

(一)自我概念相當主觀

「我對自己的看法」跟「別人對我的看法」經常是不一致的。有時是受過去的經驗所影響，或由於別人不眞實的回饋，或基於保護自己的心理防衛，或過分謙虛而自我貶抑（黃素菲，2005）。有時候我們在經歷一些負面經驗時會產生一些自我懷疑或是批判。曾有一些經驗是，在小學的演講比賽，會看到有些孩子有自信地侃侃而談，有些孩子常焦躁地說不出話來。但是此時候父母及師長，即重要他人所給的建議就很重要了。如果此時父母所給予的是關切他的狀況而非責難，就會讓孩子覺得自己也是不錯的，只是此次失常而已。如若是父母有太高的期待而對他提出批評，則孩子就會覺得自己是不行的。

因此，我們應該以客觀而理性的方式來自我查證，我們的自我概念是否失之偏頗。

(二)自我概念是學習來的，而且可以改變

重視他人對我們的態度，深深地影響我們對自己的看法。我們不在乎普通朋友對自己的看法，卻十分在乎父母、好友、老闆或其他具有影響力的人對我們的評語（黃素菲，2005）。假如你的朋友宣稱你很重要，但是在行爲中卻忽視你，你該相信他的話嗎？話語本身無關緊要，重要的是，你對這些話語有何假設，知覺與感受才是最重要的。

　　但是有時候太過於堅持現存的一個自我概念也是不需要的，就像少女裝的衣服一樣，它也會過時，也會打折再打折，這樣去探索和注意符合現存的自我概念訊息，我們稱之為「認知的保守主義」（cognitive conservatism）（黃素菲校閱，2004）。人無時無刻不在改變，隨著對象、情境、時間、角色的不同，而有不同的感受與行為，因此我們要多鼓勵自己可以隨時修正自我概念。

(三) 自我概念的改變需要一段長時間

　　有時候人是很矛盾的，即使現在的自我概念比過去好，還是會堅持過去的認知。就好像即使有人已經事業有成，但是他還是會想起以前別人說他不聰明或是無吸引力的事，除非他自己的知覺已經改變，肯定目前的自己，否則很難跳出過去的窠臼。因此，不要奢望突然而劇烈的改變。

　　有時候人們抗拒修正一個不正確的自我概念是有原因的，因為大家都習慣停留在自己熟悉或舒服的錯覺裏，反而害怕變化，或者是出現許多心理防衛機轉，來說服自己或自欺欺人，來抗拒改變所帶來的冒險，因而我們必須保持彈性，更用心使用新的方式或想法才能跳脫框架。

(四) 自我概念中愈接近中心的信念愈難改變

　　通常重視他人的鼓勵與自己改變的決心，是促成改變的最重要因素。

　　這與我們小時候所接受的文化、家庭經驗及族群特質有

關，Rogers認為父母對待小孩的方式與小孩的自我評價一致時，較易發展出正面的自我概念。例如，不要強迫小孩去愛他的弟妹，應該接納小孩不喜歡和忌妒的情緒，告訴他父母愛他，但是毆打弟妹是不被接受的行為，讓小孩認識並接納自己的攻擊情緒，也同時知道毆打弟妹是不被容許的，他就不會一直努力嘗試去感覺父母所要他擁有的感覺。

(五)自我概念會自行增強

我們往往會根據自己的觀點來選擇訊息，我們通常是用參考架構來觀看世界，使我們篩除掉與參考架構不合者而保留一致的訊息。例如，我們會用「眼見為憑」思考自己目前的一切，然而事實上，這些都是依照個人的想法而定。我們常喝的飲料「沙士」被稱為如此，是因為我們的參考架構與這世界最初認定出現一致的訊息，亦即是由大家所認定的看法建構出現的，因而不符合這項架構的訊息會被刪除，同時我們也會去除與基本看法不一致的訊息。

(六)自我實現的預言

擁有正向自我概念的人，在待人處事上通常會產生成功的經驗，他們從外界得到回饋，使得他們從成功的經驗中，提升對自我的看法。這種現象又稱為自我實現的預言（self-fulfilling prophecy），是指一個人對事情的期望，而事情就真的如此發生了。通常是指我們對事情好的看法，當然此種會有循環效果，亦即我們的行為表現增強了自我與他人對自己

的假定，成為一個良性的循環。缺乏自信的人，處處找證據證明別人在竊笑他，成為惡性的循環。

　　自我預言的實現基礎，在於我們怎麼看待自己，怎麼達到希望完成的目標。

活動2-1　自我實現的預言

1.請同學先拿出一張紙，寫下自己想要完成的願望（最多三項，請排序好）。

2.請寫下怎麼樣才能完成這些願望？（方法）

3.兩兩一組，分享所寫的內容，並討論這些方法的執行步驟。

4.小心存留這些願望，放在枕頭下，睡前唸三遍，一個月後看有沒有實現。

第二節　人際吸引的因素

　　人與人之間的互動關係受到許多因素的影響，內在因素包括個人的人格個性、知覺態度、動機需求、情緒感受與過去經驗等差異，外在因素則包括社會階層、個人儀表、社經地位、教育程度、時空距離等條件。有時個人對他人的刻板印象、第一印象與月暈效應也會影響人際互動的結果。

一、人際吸引及關係增進

　　人們間因為距離接近，導致增加獲取對方相關訊息的機會，彼此間互動所需付出的成本較少，酬賞卻相對的提升，彼此接近的人，容易產生熟悉的感覺，進而增加彼此的吸引力。

(一)人際吸引的因素

■外在吸引力

　　在我們的生活周遭，具有外表吸引力者，常常是眾人注目的焦點，這些外表的吸引力，除了儀表身材等生理因素外，穿著服飾也是重要的因素，最重要的是能穿出自我的品味。

■時空的接近

　　所謂「近水樓台先得月」，人際間相互吸引，必須有時空接近的配合。換句話說，同個班級、工作場所，甚至鄰近的居住場所，都有利於彼此間印象的加深。常共同搭電梯，會因為曝光率而增加熟悉度，自然會得到應有的酬賞。

■喜歡的互惠往來

　　愛人者人恆愛之，當我們真心喜歡一個人，而同時間對方也能表示他對我們的喜歡時，就有了喜歡互惠的往來。這

證實愛因斯坦的相對論，人們是相互有好感，而非只是單方面的喜歡。

■能力

人際吸引的另一個因素就是有能力，能幹精明的人常常會引起眾人的注目，容易成為團體中的焦點人物或領導者，魅力也就隨之升高了。大多數人也希望和有能力的人來往，也可隨時增加自己的魅力。

■態度相似

芸芸眾生之中，假若有人對事情的看法、辦事的方法、對人的方式與我們自己相似，常常會拉近彼此的距離，所謂「物以類聚」、「臭味相投」就是這個意思。

■需求互補

「互補」的意思，就是指對方的優點正是我的缺點，對方所擁有的，正是我所缺乏的，這種互補的關係，往往是友誼尋求的重要因素。互補有兩種狀態：一是缺乏對方的優勢，相互彌補，例如：生活上的互補，一個精於廚藝，一個善於修繕；二是兩者都需求對方，例如：一個喜歡被照顧，一個喜歡照顧他人。

上述六個因素，是人際吸引的重要因素，也是在人際相處時，魅力的來源或是吸引力的源頭，同性相處或異性情感的建立，往往是由於這六個因素的促動。因此，如何培養你的吸引力，如何散發你的魅力，可以從涵養自己的內涵、注

意自己的儀表、培養興趣專長、鍛鍊能力等方面著手。

(二)人際關係的增進

瞭解人際吸引的重要性外，我們更明瞭如何增進人際關係：

■真正承認別人的存在是重要的

每個人都喜歡被人家認為他很重要，所以只要你尊敬他，認為他是重要的，對方自然也會接納你的。

■千萬不可凸顯自己的重要感，貶低他人

很多人喜歡強調自己的榮耀，誇耀自己是難免的，可是說個不停、刻意的宣傳又會給人什麼樣的感受呢？把自己捧得高高的，等於把對方壓得低低的，千萬不要強調本身的重要性與榮耀，這樣會使對方感到羞恥。懂得在他人面前謙卑的人，才值得令人尊敬。

■真誠的關心別人

要愛你的朋友就像愛你自己一樣。「關心」是立即性的，別人不能一輩子都注意或援助你。但小地方我們要去注意、去關心。比如朋友生病或發生了什麼事，寫一封信去問候一聲，或到醫院去探病。

■誠心的讚美、善意的批評

如果是不熟的或關係不夠密切的朋友，不要批評人家，因為你所說的別人不一定聽得進去。不論是同學或熟識朋

友，都應適時給予讚美，讚美是重視對方的存在，將對方地位提高，正所謂「讚美是人際關係的潤滑油」。讚美的技巧，不要流於形式，否則顯得俗氣。比如說：「啊！你這件衣服很合身，剛好搭配你的身材，色調也很不錯，更加能烘托你的氣質。」如此聽來比「你今天怎麼了，為什麼看起來這麼美。」舒服多了。

■多與人溝通，適時表示自己的意見

人際關係往往因沒有溝通而產生很多的誤解。溝通可以使對方瞭解你的心意，彼此將自己的感受說出來，可以避免很多不必要的紛爭與誤會。聽取他人的意見，也要適時表達自己的看法，但不能過份固執、肯定，否則他人將無法接受你，採納你的意見。

■細心聆聽他人的意見，表示有興趣

在表示自己的意見時，也要聆聽他人的意見。提出任何建議時，要先肯定別人的看法，再委婉提出自己的看法，別人才會接受，否則再好的意見，他也會因你的否定而拒絕接受。還有在團體裏要說大家共同有興趣的話題，避免只和二、三人談論而冷落了多數的其他人。

■大事精明、小事糊塗

每一個人對人生總有一些大原則，這些需要你負責和注意，然而有些小事情，事實上並不需要你去關心和注意。一個真正精明的人，是看大處、掌握重點。與人相處，也是小

地方不要太計較，但大原則要把握住。

■尊重社會規範

一個人要有他自己的原則，尤其要重視社會的規範。你讓人家瞭解你的為人，人家自然不會勉強你，人際關係也就維持良好。如果你忸怩作態，別人反而覺得你是沒有主見的人。

■培養幽默感

幽默感是化解人際關係緊張場面的萬靈丹，也是人際關係的潤滑油。曾經有一位外賓到台灣來參觀，有一次當他要抽菸時，有個人就拿了火柴盒給他，可是他連續點了好幾根火柴棒卻都斷了，他很生氣的說：「由火柴的好壞，可看出一個國家的工業水準。」這位給火柴的人也還以顏色的回答說：「由一個人的點火技術，可以看出這個人抽菸技術了。」不是火柴不好，是抽菸的人技術不好呀！很幽默的一句話，把事情化解了。但是有時候，話若說不好，簡單的一句話就把整個場面搞得不可收拾，破壞了人際關係。

二、自我知覺及謬誤修正

(一)自我知覺的歷程

個體對刺激的感受到反應的表現，必須經過生理與心理的兩種歷程。生理的歷程得到的經驗稱之為感覺，心理的歷程得到的經驗稱之為知覺，感覺是各種感覺器官，而知覺對

感覺的訊息加以解釋、定義。

在知覺的歷程包括：選擇（強烈的刺激、重複的刺激、相反的刺激或變化的刺激、動機）、組織、解釋（過去的經驗、對人類行為的假設、期望、對事情瞭解的程度、個人的心情）。

當個人接受訊息進入，感官就會因為刺激的狀況而產生反應，這些刺激可能是物理環境，包括地點、時間、燈光、溫度、溝通雙方的距離以及座位的安排，也可能是個體的背景因素及身心狀況。進而進行分段或以較系統的順序傳送，亦或是依照自己過去的經驗、個人的假設、個人的認知、個人目前的情態來判斷。接著有可能產生主觀的情緒反應，我們稱為「你的感受」，最後才是你對某事的期望及未來打算的行動，即意圖。有時候結果會發生在感受與意圖間，形成「感覺－解釋－感受－結果－意圖」模式。有時候我們對事物的知覺也並非依照此模式出現，端看刺激是如何被組織和詮釋。

人們經常根據自己的行為來推論自己的性格，也會運用他人的反應來形成自己的看法，這些拿自己來和別人作社會的比較，發現自己和別人有哪些不同，我們稱之為「自我知覺」（self-perception）（莊耀嘉、王重鳴譯，2001）。它是指個體試圖瞭解自己的認知過程，亦即個人對自我意象的評定和看法。

活動2-2 優點轟炸

1. 請每位同學先自問：你過去三年中有無令你覺得滿意或不滿意之處，滿意多或少？
2. 請同學先寫下自己覺得的優點。
3. 請六位同學一組，每人皆可以當 "Super Star"，坐在團體中間，讓每位同學說出他的優點。
4. 最後與自己所寫的優點相比，是增加或減少。

每個人都是自己的 "Super Star" ！

(二)影響知覺的因素及謬誤的狀態

過去我們認為影響知覺的因素非常單純，可能與訊息傳遞和感官有關，我們現在可以擴大解釋，它來自三部分：

1. 環境因素：

(1)物理環境：我們所處的環境會影響在溝通時的反應。例如談正事無法在吵雜的環境，有可能會有誤傳或誤聽的情形；如果想求婚就要在浪漫的情境。

(2)社會環境：我們與對方所處的文化和社會背景不能相差太遠。例如你所認為的時間和對方看法不同；當你與對方約時間「我們明日早上見」，一個認為是早上八、九點，一個認為是早上十點，這就有差異。

(3)空間位置：因為我們所處的環境不同，距離愈遠，
傳遞的訊息需要愈清楚，才能正確的知覺。

2.生理因素：

(1)生理器官和特徵：感官刺激有如攝影機，有些人屬
於視覺型，由眼睛所見才能清楚的知覺。有人屬於
聽覺型，由耳朵所聽到的才能有所反應。對於身心
障礙者而言，誠如人們常說：「上帝關上了一扇
門，必定會為你開啟另一扇窗。」

3.心理因素：

(1)個人的學習與經驗：每個人過去的學習和知識獲
取，會影響我們對訊息的理解，而過去對訊息解釋
的經驗也會讓我們對相似的感受可以快速的反應。
例如：你想表達對方不好的習慣，期待他能接受並
更改，就不能用你習慣的自我方式來解釋，反而應
該以對他的瞭解來引導他更改。

(2)需要與價值：我們對於訊息並非是所有都接受的，
有所謂「選擇性的注意」，也就是說，我們會以我們
所想要或者是覺得對我們有價值的訊息，才會收錄
進我們的資料庫。

(3)開放或封閉的心態：對於訊息所抱持的態度，也是
瞭解到訊息運用的一種。例如：想要有所創新，就
必須保持開放的心態，多吸取知識，對知覺有進一
步的幫助。

　　人們對於自我知覺的瞭解與對他人形成印象一樣，皆使用相似的處理方式和詮釋過程。然而我們對於自我知覺仍是瞭解得不透徹，有時候會因為一些錯誤的連結而產生謬誤。

　　知覺過程的錯誤有可能是因為以下幾種狀況所造成：

1. 遺漏了某些訊息：未能保持開放的心態來吸取訊息，或者是因為生理疲勞、疏忽而有錯誤的判斷。
2. 對事情做過多的解釋：在組織訊息時，讓自我的期望多於對事情瞭解的程度，會產生過度推論的情形。
3. 對兩件事做錯誤的連結：有時候我們在解釋訊息時，會把不太相關的兩件事做聯結，而誤以為是同一件事。
4. 對事情真實狀況或特徵不瞭解，而做了錯誤的猜測：這是比較不好的串聯，只能說這是選擇性的推論或是猜想。常有人對於他人所說的話，或者是行為舉止未能瞭解全貌，就進行假設，過度猜測，產生錯誤的認知。

對於以上四種錯誤的知覺，可能形成以下幾種狀況：

1. 假設的一致性：自己內在所想的事情，認為大家都是一樣的，或是把自己不太能接受的想法，在看見他人的表現後，投射成是別人令他討厭。
2. 初始效應：這是指你看到某人後，覺得對他的第一次看法所得到的影響。例如：你對於「人際溝通」課程

的第一次看法如何？很多人將它視為第一印象，但是更為詳盡地說，是指你對事物最初的看法。

3.時近效應：這是指他人在問你問題時，你的印象會停留在最近所發生的事情上，如同上面的例子，你對於「人際溝通」課程學期末評價時，只記得最後或是時間最近的狀況和內容，即為時近效應。

4.月暈效果：指的是人格的隱含特質，當我們對於一個人的看法，會隨著第一次印象後出現擴充或好或壞的情形，有如月圓時，我們看到月亮外圍的一圈而加大了月亮，稱之為「月暈」。而我們在第一次見面後，如果對此人抱持著好印象，就會推論他也有其他正面的特質。反之亦然，壞印象也會出現推論他也有其他負面的特質。

5.刻板印象：此是指我們對於某一團體，以簡化的用詞概念來取代所有的特質。例如：我們覺得猶太人很小氣，但是很聰明。對於原住民，覺得他們身體強壯而唱歌很好聽。

我們如果想改進對自己與別人的知覺，就必須有以下的心理準備：

1.瞭解並接受自己的知覺可能不正確：每個人都有出現錯誤推論的情形，不必覺得面子問題很重要，而不敢承認錯誤，有如「國王的新衣」自欺欺人。

2.當知覺有了疑惑時，你願意改變：我們已經提及知覺

有判斷錯誤的時候，要相信自己有改變的能力和彈性，才能適時改變。

3. 不要妄下結論，明辨事實與推論：我們要學會判斷「事實與推論」有哪些地方不同，事實需要有根據才能下結論，推論則只需要感受與價值，就可以決定。例如：「爸爸正在客廳看電視，突然聽到碗盤摔下去的聲音，之後兒子就哭得很大聲，媽媽拿了一袋東西放在門口外面，結果看見爸爸開車載兒子出去了。」請指出下面的陳述哪些是事實，哪些是推論：

(1)電視中上演的節目是流星花園。

(2)廚房的碗盤摔到地上破了。

(3)媽媽拿出去的袋子裏裝的是碎片。

(4)是兒子太頑皮把盤子弄破了。

(5)爸爸帶著兒子出去是去醫院。 （答案於第83頁公告）

4. 尋求進一步資訊，檢核證據，修正判斷。要保持開放的心態，多方面求證，以瞭解事情的真相，才能做出正確的判斷。

焦點思考

擁抱，生命中的每一分鐘

1. 請每個人思考自己過去的經驗中，有哪些與「生命」有關的議題。例如：搶救流浪動物。

2.將曾閱讀過與「生命」有關的書，寫下你覺得最深刻的話。

3.將書中所要傳達一份對「生命」的熱愛，說出你的想法。

4.別人眼中的你和你自我所認知自己有何不同？

◎與「生命」有關的書：《五體不滿足》、《少年小樹之歌》、《心靈雞湯5》、《擁抱，生命中的每一分鐘》。

第82頁題目答案：

(1)推論；(2)事實；(3)推論；(4)推論；(5)推論

第三節　自我揭露的方式與自尊

一、自我揭露的方式

人際溝通的目的是雙方交換訊息、互相瞭解，所以關係的建立需透過當事人的自我表露才能達到。

當有機會表露時，才有機會瞭解、認識我，這種開放，有賴個體的自我覺知與自我接受（黃惠惠，2000）。

　　「自我表露」係指個體故意把對自己有意義、重要，但別人並不知道的有關資料、想法、感受告知他人的過程。

(一)影響自我揭露的因素

■團體的大小

　　自我揭露較常發生於兩人（dyads）而非多人的情境中，因為在二人情境裏，自我揭露者除了可以保護自己的隱私（privacy），不致於讓太多人知道之外，也較容易觀察對方的態度和反應，藉此修正自己揭露的內容和深度（陳皎眉，2004）。

■喜歡

　　人們傾向於向那些自己喜歡的人，進行自我揭露，而較不會向自己不喜歡的人，表露有關自己的訊息。因為人們對於自己所喜歡的人，較容易產生信任感，同時，也希望藉由自我揭露，讓對方更瞭解自己，因而能夠建立更為深厚的關係。

■相互性或對稱的

　　當個人向他人進行自我揭露時，他也比較能夠引起對方向自己進行自我揭露，因為當人們向他人表露私人事情時，事實上也傳達了對對方的信任（trust）或喜歡，對方接收到這個訊息之後，對揭露者也可能產生信任或喜歡，因此也較容易吐露有關自己的訊息。

■漸進的

　　每個人並非一開始就可以自我揭露，而是需要時間來建立信任感後，方能逐漸地開放話題，進行比較深入的表達。

■性別

　　一般而言，女性較男性容易進行自我揭露（Dindia & Allen, 1992），而這種性別的差異（sex difference），在同性（same-sex）關係比在異性（opposite-sex）關係中更為明顯。也就是說，在同性關係中，女性向女性傾吐心事的頻率，明顯高於男性向男性透露私人事情。但是在異性關係中，男女雙方都容易進行自我揭露，因此，性別差異的現象就比較不明顯了。

■性格

　　有些人的個性比較外向（extroverted）、擅長於社交（sociable），他們也比較容易進行自我揭露。相反地，那些個性內向（introverted）、不擅長社交的人，則較不會進行自我揭露

■文化

　　不同文化背景的人，其自我揭露的程度也有不同，美國人自我揭露的程度高於其他國家的人。不過在這些不同文化當中，也具有一些共同性：無論是美國人、英國人、德國人或波多黎各人，都比較喜歡透露有關自己的嗜好、興趣、態度、政治和宗教意見，但是比較不喜歡談論有關自己的財務

狀況、性格、性或是人際關係。

■危機

當人們處於一些危機情境中，比較願意進行自我揭露，特別是兩個人面臨相同的壓力時，更容易進行自我揭露。

(二)適當的自我揭露

自我揭露是一種特別的分享，並不是每種情況都合適。以下幾個問題，可以一邊詢問自己，一邊瞭解自我的狀態。

■對方對你是重要的嗎？

目的在使個體能有機會抒發自己較私密、內在的個人經驗或感受，藉此使雙方有更深入的瞭解與信任，以深化彼此的關係。

■自我揭露所冒的險合理嗎？

此人與你的關係是正在積極進行中嗎？對方是否值得信賴？

■自我揭露的內容是否與目前的情境有關？

有意義的自我揭露，是對你們共同經驗的事件表露你的反應，或對對方所說或所做的揭露你的感受或想法。更重要的是要「此時此地」（here and now），表露不但要相互，更要緊的是與現在情境相關經驗的揭露，而非漫無目的地漫談。

■自我揭露是否清楚、易懂？

要能清楚地表達自己的意思，才不會產生不必要的誤會。

(三) 自我揭露與回饋

當個人對自己的認識愈多，瞭解愈深，也愈能夠清楚地向他人表露自己內在的想法、態度、情感、喜惡、專長等，讓別人更加瞭解、認識我們，這就是自我揭露，而別人對我們的反應和回饋，也會進一步增進自我的認識與瞭解。

經由自我揭露與回饋，我們更加認識自己、他人也更加瞭解我們，如何做到有益的回饋：

1. 把回饋的焦點放在行為上而非人格上：不能將回饋變成人身攻擊，對於他人的行為提醒，千萬不要變成「你每次都如何……？」

2. 回饋最好用描述的方式，而非判斷的方式：不要用「你是自私的人」來取代「你會多想自己，少想別人」。

3. 回饋應針對特定的情境而非抽象的行為：對於他人行為的說明，不要用隱喻的方式，他人會無法理解。

4. 回饋是針對「此時此地」，而非彼時彼地：最好不要失去焦點，只要針對當時的情境做反應，過去與未來都不在此範圍內，不需要討論。

5. 回饋是分享、表露你的看法與感受，而不是給予忠

告。

6.回饋針對對方能夠改變的地方：我們希望帶給對方有改變的機會，而不是要對方變成我們想要的樣子，那是不可能的。

焦點思考

我是不是一個「開放自己」的人？

像有一扇窗子，你有的一切都在裏面：你的喜好、厭惡、你的目標、秘密及需求等，如圖一。

當然你並不知道你所有的是什麼？你也許經常發現新的、以前不自知的部分。因此我們又可把它劃分為兩部分：一部分你知道的，一部分你不知道的，如圖二。

你也可以把這扇包含你一切的窗戶用另一種方式劃分，一部分是他人知道的，另一部分是別人不知的，如圖三。

當你把圖二和圖三疊在一起，就形成了所謂的「周哈里窗」，從此扇窗，可以看出周哈里把你分為四個區，如圖四。

第一區是你和別人都知道的公開部分，稱為「公眾我」。第二區是別人知道，而自己不知道的盲目區「背脊我」。第三區是自己知道、別人不知的私密區「隱私我」。第四區是人我皆不知的未知區「潛在我」。

　　你可以畫出屬於你自己的周哈里窗，先畫出一個正方形，然後畫出你認為最適合你的區分線。例如，你認為自己是個開放的人，那麼很明顯的，你的第一區比其他三區來得大，可能如圖五的「周哈里窗」。

　　現在，請你自己動手畫畫看，畫出屬於你自己的周哈里窗，想一想，自己在人際溝通中，扮演著什麼樣的角色？

你的一切 (圖一)	自己知道的	自己不知道的 (圖二)	別人知道的
			別人不知道的 (圖三)

(圖四)	自己知道	自己不知道	(圖五)	自己知道	自己不知道
別人知道	1 自由活動領域 （公眾我）	2 盲目領域 （背脊我）	別人知道	1 公眾我	2 背脊我
別人不知道	3 逃避或隱藏領域 （隱私我）	4 處在領域 （潛在我）	別人不知道	3 隱私我	4 潛在我

二、自尊

自尊（self-esteem）原義有二：(1)敬重，尊敬，珍愛；(2)認爲、估量、看法。可以說是個體對自己所持一種自我喜愛、珍視、尊重或自我輕忽、排拒的情感；或是個體對自己的看法與評價。指個人對自我價值，其涵蓋範比自我概念狹隘。自尊的建立與過去成功和失敗的經驗、重要他人給予的回饋及對待方式有關。

(一)自我感受

自尊是個體接受與看重自己的程度。認爲自尊是個人對自己各方面能力、特質、價值或整體評價後的感受（Reasiber & Dusa, 1991）。Erikson已強調早在個體發展用來評價自我各個面向的複雜認知之前，孩童已經學習（經驗）到他生存的環境是滿足的、善的，或是敵意的、挫折的。即使很小的嬰兒也已瞭解到來自他人的接納或是拒絕的態度。孩童將這早期的社會經驗轉變成一種基本的羞恥感或是優越感（a basic sense of pride or shame）。自尊是個人感受到作爲一個人的價值。健康的自尊來自生活中的重要關係及對自主性的正向經驗。

(二)自我評價

自尊是對自己的評價後所持的讚許或不讚許的態度。此

種態度Coopersmith（1967）認為自尊是指個體對自己的價值所做的主觀判斷，即個體對自己所做的經常性、整體性的評價，也就是對自己的能力、重要性、成敗與價值等方面所持讚許或貶抑的態度。

Coopersmith發現能培育出高自尊小孩的父母特質是情緒穩定、自尊較高、與孩子的關係親密、鼓勵小孩獨立、有相當自由的空間、對小孩溫暖有感情、並提供清楚的行為準則。而低自尊小孩的父母則未提供行為準則，常以嚴厲、不尊重的方式對待小孩，其典型的處罰方法是：愛的剝奪（withdrawal of love），例如「因為你做這件事所以我不喜歡你」，而不是說「我不喜歡你做的這件事」，他們自己也是低自尊，對組織家庭缺乏信心，不用討論的方式來解決問題，反而多依賴嚴厲或隨意的管教方式企圖來控制小孩。

自尊是對自我概念中包含的訊息所作的評價。自尊是指個體主體上對自己所具有特質的評價、感受和態度，而非指個體所持有的特質本身。自我概念可以解釋成「我怎麼樣看自己」（how I see myself），而自尊則是我對於自己這樣看待自己的觀感。我們也可以說自尊是我們概念的評價部分。

（三）自尊型態

依據NANDA第七次會議的討論，將自尊分為三種形態：

■基本自尊

指經由發展的經驗及有意義他人認同的反應而來的，是

屬於穩定的核心部分。

■功能性，情境性自尊

隨著每天遇到的事情而有不同變化。例如：當你昨天知道作業成績為甲等，你一定會覺得自己不錯，但今天的游泳測驗未通過，你又會認為自己糟透了。

■ 防禦性，假性自尊

此為個體的保護機轉，當理想與現實差距過大，將威脅到個體時，個體會藉此部分保護自己。

一個有高自尊的人，能勇於表達自己的意見，也能接納他人不同的觀點，而低自尊的人則自我否認、懷疑、不信任自己，容易產生焦慮。

(四)自尊與心理健康關係

自尊與個人心理健康的關係，可由三方面探討（Street & Isaacs, 1998）：

■在學校情境中，低自尊或負向自尊是高危險群學生的重要心理特徵

Walz和Bleuer（1992）彙整ERIC資料系統上的文獻，一旦學生無法經驗到自我價值感及感受到自己是有能力面對生活中的重要挑戰，便很難期待他能有動機長期投入學校的各種學習事務並獲得成就。

■自尊是心理健康的指標

自尊在個人的心理及社會適應上占主要因素。負向自尊則與許多心理問題及生活適應困擾有密切關係，負向自尊若不是其病原（etiologically），就是與其有相關性。

■提升自尊是諮商的主要目標

以協助個體心理適應與成長的諮商專業，多視正向自尊（positive self-esteem）為良好社會——情緒適應的核心因素，提升當事人的自尊便成了諮商工作的基本任務之一，而正向的自尊是成功治療的指標之一。

James在一八九○年出版的《心理學原理》一書中對自尊所下的定義是，自尊是決定於「個人實際表現與預期表現的比例」包含兩組態度：個人對自己實際的知覺，以及個人對自己必須成為或想要擁有的能力或特質的期待。Kick（1992）認為個人把其表現與理想我／內在標準比較或評量的意見，基本上是一種價值感。

自尊的高低視個人評定生活中各項內涵的重要性而定，評定重要的內容或標準，可以是社會中期許的價值，也可以是相當個人化的生活經驗而來的評價標準。

■標準／價值的來源

重要他人的期許、家庭中的規範（norms）或規則（rules）、學校教育或道德格言、大眾傳媒與文化。

(五)自尊與創傷事件

■危機事件衝擊個人的生活與自尊

　　危機事件後的創傷壓力使個人常處於可能再次受傷的驚恐與不安全感中，摧毀個體以下三種基本面：

1. 基本安全假定：對別人及外在世界的信賴。
2. 自我的正面價值：對自己的力量與重要性。
3. 宇宙的意義次序：存在的意義及恆定次序。

■自尊程度影響個人面對危機時的因應方式及復原速度

1. 造成心理創傷的主要決定因素來自危機（創傷）事件本身的特性。
2. 創傷壓力反應的型態，視其個人的童年史、情感衝突及調適能力而呈現不同方式。
3. 低自尊的個人面對創傷壓力時，比較容易崩潰；自尊較正向的人（較高度社交性、對掌握自己命運能力有強烈自覺者），對逆境較有抵抗力——與社會保持連繫及採取積極因應策略，並相信有方法可以去克服挑戰。
4. 沒有權力（power）和他人關係不深的人最可能受傷且持續時間長。青少年時期的恐懼和喪失權力會危害發展任務；形成認同，逐漸自原來家庭獨立，對更廣大的社會探索。

■創傷與復原

　　創傷後的復原目標，是能重拾對自己的「安全，強壯，自由的」，同時也是有力量的，能掌控的。在協助的過程中，能增強受創者在思考、做決定、選擇、行動及表達上的能力，支持與發展原本具有的這些能力，可以加速復原的時間，亦可預防受創者繼續固著在受害者的角色。

活動2-3　「假如我是……」活動單

1. 假如我是一種動物，我希望是 ＿＿＿＿＿＿＿＿
   因為＿＿＿＿＿＿＿＿＿＿＿＿＿＿＿＿＿＿＿＿

2. 假如我是一朵花，我希望是 ＿＿＿＿＿＿＿＿＿＿
   因為＿＿＿＿＿＿＿＿＿＿＿＿＿＿＿＿＿＿＿＿

3. 假如我是一棵樹，我希望是 ＿＿＿＿＿＿＿＿＿＿
   因為＿＿＿＿＿＿＿＿＿＿＿＿＿＿＿＿＿＿＿＿

4. 假如我是一種食物，我希望是 ＿＿＿＿＿＿＿＿＿
   因為＿＿＿＿＿＿＿＿＿＿＿＿＿＿＿＿＿＿＿＿

5. 假如我是一種交通工具，我希望是 ＿＿＿＿＿＿＿
   因為＿＿＿＿＿＿＿＿＿＿＿＿＿＿＿＿＿＿＿＿

6. 假如我是一種電視節目，我希望是 ＿＿＿＿＿＿＿
   因為＿＿＿＿＿＿＿＿＿＿＿＿＿＿＿＿＿＿＿＿

7. 假如我是一部電影，我希望是 ＿＿＿＿＿＿＿＿＿
   因為＿＿＿＿＿＿＿＿＿＿＿＿＿＿＿＿＿＿＿＿

8. 假如我是一種樂器，我希望是 ＿＿＿＿＿＿＿＿＿
   因為＿＿＿＿＿＿＿＿＿＿＿＿＿＿＿＿＿＿＿＿

9.假如我是一種顏色，我希望是 _____

因為 _____

10.假如我是上帝，我希望是 _____

因為 _____

＊回饋單

我認為你 _____

_____

_____

焦點論述

人際溝通的原則

◆ 正確地回應對方的話語

「早！」張大年早上時進公司碰到經理。

「這個月的目標達到了沒有？」經理大聲地問。

聽話者都沒有針對詢問者的話語，做出正確地回應。第一個例子經理首先回應「早」是人之常情，他省略了寒暄而直接問到別的事情，讓張大年的「早」有如斷了線的風箏；正確的回應是有效溝通的第一個要件。

◆ 注意溝通過程的態度

溝通時雖然都是在述說事情、講明道理，希望經由道理的陳述打動對方、影響對方，但是影響人們的行為除了

理智外還有感情，並且受感情影響的人往往超過理智。

例如學鋼琴是一件辛苦、磨練耐力的事情，小孩學琴學了一陣子，多半不想繼續下去，若您得知老師認為小孩音感很好，頗有天賦，若繼續學下去可達到一定的水準，此時您和六歲小孩溝通繼續學琴時，若告訴他學琴能培養一種興趣，對他有多大的好處，不如在態度上表示出您是多麼喜歡聽他彈琴。

◆ 注意傾聽

「聽」在英文中有hear及listen的差別，hear指聽說、聽到，listen有專心聽、注意聽的涵義，溝通時「聽」非常重要，溝通深淺的程度從聽話者接受的程度能辨別。

◆ 經常、不斷地確認溝通的訊息

每一個人都會受到自己過去的經驗及成長的環境影響，有一些先入為主的觀念或對程度上的認知不一樣。例如：根據經驗日本人說yes的時候，並不代表他真的同意您所說的，yes只表示他不需要反對您的看法。其他如種族的歧視、族群的情結等都是來自先入為主的觀念。戀愛中的男女說「討厭死了」，若您真的認為被討厭死了，而打退堂鼓，恐怕真的要被人討厭死了。

◆ 表達出讓人印象深刻的溝通話語

雷根競選連任時，孟岱爾以雷根的年齡作為攻擊的目標，雷根從容不迫地回答：「我所以不把年齡當作競選的話題是因為不願意讓選民認為我以年齡之便，欺負您年輕而經驗不足。」一舉化解了年齡上的弱點。

◎你在與人溝通時，最重視的是什麼？

◎上述幾項溝通原則，你覺得哪一項最重要？

名詞解釋

生理我	心理我	社會我
家庭自我	現實我	理想我
他人的回饋	自我實現的預言	時空的接近
需求互補	自我知覺	初始效應
近時效應	月暈效果	刻板印象
情境性自尊	假性自尊	創傷壓力反應

作業提示

1. 自我概念的內涵有哪些？

2. 自我概念來自哪些部分？

3. 自我概念的特徵有哪些？

4. 人際吸引的因素可分成哪些？

5. 自我知覺的錯誤有哪些？

6. 影響自我揭露的因素有哪些？

7. 自尊包含哪些型態？

（其餘請參照內容中各案例討論或活動）

參考書目

李順長（1999），〈贏家與輸家的差異〉，1999年3月2至3日在
　　工研院演講之部分內容。http://web.ydu.edu.tw/~edward/
　　choice/900/934.htm。

洪英正、錢玉芬譯（2003），DeVito原著，《人際溝通》，台
　　北：學富。

柯淑敏（2001），《兩性關係學》，台北：揚智文化。

陳皎眉（2004），《人際關係與人際溝通》，台北：雙葉。

莊耀嘉、王重鳴譯（2001），E. R. Smith、D. M. Mackie原
　　著，〈互動與相互依賴〉，載於《社會心理學》（*Social
　　Psychology*），台北：桂冠圖書。

黃光國（1988），《人情與面子：中國人的權力遊戲》，台
　　北：巨流圖書公司。

黃素菲（2005），〈對話與回應《生命書寫與心理健康》——
　　我不看我時「我」在嗎？〉，《應用心理研究》，26期，
　　頁1-11。

黃素菲校閱（2004），劉曉嵐、陳雅萍、杜永泰、楊佳芬、盧
　　依欣、黃素微、陳彥君、江盈瑤、許皓宜、何冠瑩譯，
　　Ronald B. Adler、Neil Towne原著，《人際溝通》
　　（*Looking out Looking in*），臺北：洪葉。

黃惠惠（2000），《自我與人際溝通》，台北：張老師。

黃麗萍（2003），《班級隸屬感促進方案對國中生之自尊、社交技巧及班級氣氛之影響》，國立彰化師範大學輔導與諮商學系輔導活動教學碩士論文，未出版。

蔡文輝（1998），《婚姻與家庭——家庭社會學》，台北：五南。

費孝通（1986），〈三論中國家庭結構的變動〉，《北京大學學報》，第3期。

Ainsworth, M. D. S. (1989). Attachment beyond infancy. *American Psychologists,* 34(4), 932-937.

Bowlby, J. (1969, 1982). *Attachment* [Vol. 1 of *Attachment and Loss*]. London: Hogarth Press; New York, Basic Books; Harmondsworth, UK: Penguin (1971). ISBN 0465005438.

Coopersmith, S. (1967). *The Antecedents of Self-esteem.* San Francisco: W. H. Freeman.

Devito, J. A. (2003). *The Interpersonal Communication Book* (10th ed.). Pearson Allyn & Bacon.

Dindia, K. & Allen, M. (1992). Sex different self-disclosure: a meta-analysis, *Psychological Bulletin,* Vol.112, No.1,106-124.

Hall, E. (1959). *The Silent Language.* New York: Doubleday.

Hall, E. (1969). *The Hidden Dimension.* Garden city, NY: Doubleday.

Kelley, H. H., Berscheid, E., Christensen, A., Harvey, J. H., Huston, T. L., Levinger, G., McClintock, E., Peplau, L. A.,

& Peterson, D. R. (1983). *Close Relationships*. New York: W. H. Freeman.

Kick, F. R. (1992). *The Self Perceptions of Self-concept and Self-esteem: A Theoretical Analysis.* (ED353529)

Levinger, G., & Snoek, J. G. (1972). *Attration in Relationship: A New Look at Interpersonal Attraction.* Morristown, NJ: General Learning Press.

Reasoner, R. W., & Dusa, G. S. (1991). *Building Self-esteem in the Secondary Schools: Teacher's Manual.* Palo Alto, CA: Consulting Psychologists Press, Inc.

Street, S., & Isaacs, M. (1998). Self-esteem: Justifying its existence. *Professional School Counseling, 1,* 46-50.

Walz, G. R., & Bleuer, J. (1992). *The Esteem-achievement Connection.* Ann Arbor, MI: Counseling and Personnel Services Clearinghouse.

Zunin, L. M., & Zunin, N. B. (1972). Contact: *The First Four Minutes.* Los Angeles, CA: Nash.

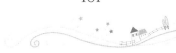

第三章
人際溝通模式

摘要

　　本章由人際關係構念化出發，費孝通提出「差序格局」；楊國樞提出用人際關係之遠近親疏來思考與他人的相處，認為人們重視角色義務在人際交往的重要性；朱瑞玲認為關係的兩大維度是感情的強度和角色義務的清晰度，而人際關係的類型則分為表達性及功利性。

　　溝通系統的元素包含：傳送者、接收者、背景環境（含物理環境、歷史環境和個體的背景因素及身心狀況）、溝通規則、訊息、管道、干擾和回饋。

　　在人際溝通的相關理論中，共提及十一個理論：

1. 人際關係需求論：人與人之間的關係是否改變、建立與維持，端視雙方的人際需求程度是否一致。其具有三種最基本的人際需求：愛（affection）、歸屬（inclusion）和控制（control）。

2. Adler的社會興趣：人天生有一種主動關心周遭人事物的潛在傾向，稱之為「社會興趣」，即是指個人知覺到自己是人類社會的一分子，以及個人在處理社會事物時的態度，包括為人類追求更美好的未來。

3. Fromm的逃避／恐懼自由：個人因為恐懼自由而逃避自由。

4.Horney的基本焦慮：人的焦慮主要是因幼年時的恐懼、不安全感、愛的需求以及罪惡感等複雜的情緒，累積形成怨恨受到壓抑（repression）而產生的。

5.Sullivan的人際觀點：嬰兒完全依賴他人來滿足生理和心理的需求，缺乏愛及關懷導致缺乏安全感及焦慮。

6.減少不確定感理論：人際溝通是包含逐漸減少彼此間不確定感的過程，藉由被動的、主動的和互動的三種主要方法來完成。

7.社會滲透理論：我們與他人交往的深度和廣度，也可以更深地理解我們對他人自我揭露的深度和廣度。

8.吸引理論：人與人因為外在條件、時空距離縮短和個性或是價值觀、態度的相似或一致，而使得彼此更有話說，如「臭味相投」。

9.增強理論：你會和酬賞你的人發展關係，和不賞識你或真正使你痛苦的人避免或解除關係。

10.社會交換理論：藉由利益與損失的經濟模式，來思考人際關係是藉由互動時雙方所獲得的報酬（reward）和代價（cost），即是以最低的代價來換取最大的酬賞。

11.公平理論：這段關係是否讓雙方都能以互利為起點，其焦點聚集在每天都會發生的關係中不滿的來源，主張發展、維持及滿意公平關係。

在人際溝通要素中提及建構人際溝通的條件為以下四

點：(1)建立良好的人脈；(2)擁有正確的心態；(3)要有技巧的分類；(4)耐心聆聽、主動協助。在有效的人際溝通中，會出現去除外在干擾、降低內在干擾和避免語意干擾三種狀況。

人際溝通的模式可以分為：(1)互補式溝通（complementary transaction）；(2)交錯式溝通（crossed transaction）；(3)曖昧式溝通（ulterior transaction）。

人際溝通的類型有：(1)你好我不好（You are OK, I am not OK）（討好型）；(2)我不好你也不好（I am not OK, You are not OK）（打岔型、超理智型）；(3)我好你不好（I am OK, you are not OK）（指責型）；(4)我好你也好（I am OK, You are OK）（一致型）。

人際溝通的障礙分為三大類：(1)裁判（如批評、命名或標籤、診斷、評價性的讚美）；(2)提供解決的方法（如命令、威脅、說教、過多或是不當的詢問、忠告）；(3)忽略他人所關心的重點（如安慰轉向、邏輯推論、保證）。

前言

人生在世可能會經歷各種的人際關係，有人曾說過：在人的一生中，總是會有人不斷地出去和進入，有時某些人只能相處一陣子，「珍惜緣分」似乎是古人流傳下來最美麗的智慧。人際關係與我們的生活緊緊相扣，我們該如何好好地經營，才不會產生許多憾事呢？

第一節　人際關係與生活

　　生活中遇到形形色色的人，我們都會採取不同的模式或交往原則來與之溝通，以下將由人際關係構念化出發來思考在平時我們與他人溝通的狀態，另外也由溝通系統出發來瞭解如何扮演好自己的角色，得以順暢溝通。

一、人際關係構念化的分類

　　在第一章曾提及人際關係構念化的問題，它是指我們把在外界所觀察到的現象中重要的概念找出來，予以整理、釐清、界定成為構念，並將相關聯的構念加以組織化，成為一套可以理解及解釋一些現象的說法或意義系統。最早對人際關係進行初步構念化的是人類與社會學家費孝通（1947／1987）。他根據早年在中國農村的調查研究，提出「差序格局」的概念。

　　我們藉由他的概念延伸，有許多學者都同時提出一些相似的看法，在閱讀這些看法前，我們先思考一些問題：

1. 如果今日你突然繼承一筆遺產，你會希望將它如何分配？如果可能的話，你會將它分配給誰？
2. 如果有一天你突然破產了，你會希望如何處理這個狀

況？第一個想到要尋求幫助的人是誰？

當你思考或是回答完以上的問題，請再看以下學者的說法：

本土心理學者楊國樞認為中國人的關係取向有五大特點（張志學、楊中芳，1999）：

1.關係形式化：角色關係的規範決定雙方的交往行為。
2.關係回報性：交往的期望以回報為目的。
3.關係和諧性：人際交往以和諧相處為最終目標。
4.關係宿命論：用緣、命等概念來化解衝突。
5.關係決定論：與他人交往以與此人的關係為法則。

他認為人們常用人際關係之遠近親疏（如家人、熟人、生人），來思考與他人的相處，在對待原則上會出現高或低回報的期望，我們對於家人常會有比較低回報的期望，在對待方式上也會有特殊或是普遍主義性，意即我們對於生人大都是普遍主義性多，這些都是代表楊氏認為人們重視角色義務在人際交往的重要性，此與黃光國教授之看法不同，也突破架構。另外朱瑞玲（1993）由中國人的慈善觀出發，把慈善看為是對陌生人（非親非故）出於同情的施助行為，並把同情放在一個較大的「關係／人情」構念化架構中來看（引自張志學，1999）。她認為人情是依關係之不同而有性質上的不同。她把關係視為是兩個維度的構念，一是感情的強度，另一是角色義務的清晰度。依據她的說法，「共事之情」是中性感情強度，但角色義務（信義）清楚之情，相互以「互惠」

原則待之。「同情」是慈善行為背後之情，則是感情性弱，角色義務（慈善）模糊之情，交往法則是公平法則。她又舉出兩種人際關係的類型：表達性及功利性。表達性的情感是指一種自動自發向另一人表露的情感，而功利性情感則是迫使對方回報自己更多好處時，所事先給予對方的情感（張志學，1999）。

綜合上述學者看法，我們可以瞭解人際關係是人們用來決定要如何對待他人的依憑，而對待是指給他們什麼樣的情感。人際關係與人際情感之間的交互關係，需要在人際交往的架構中建立。人際交往會決定人際關係的發展以及分類的主要考量。

焦點討論

你最感謝的人是誰？

在我們小時候，常會感受到父母對我們的愛，他們總是把我們放在他們的懷中抱著，睡不著時唱著搖籃曲，或是坐在腿上晃著，或是坐在肩膀上，讓我們可以看得更高更遠，更清楚這個世界。

在電影《愛在心裏口難開》中，女主角對男主角有無限的感謝，男主角要她寫下「感謝函」（Thanks Note），女主角邊哭邊寫，因為有太多的感謝無法以言語來道盡。

在我們讀過的繪本中，也有類似的情景出現，就像是《蘋果樹》，一棵大樹無盡的付出，最後會獲得什麼樣的結

果呢？

※《蘋果樹》文稿

　　從前有一棵樹……她好愛一個小男孩。

　　每天男孩都會跑來，收集她的葉子，把葉子編成皇冠，扮起森林裏的國王。

　　男孩會爬上樹幹，抓著樹枝盪鞦韆，吃吃蘋果。

　　他們會一起玩捉迷藏。

　　玩累了，男孩就在她的樹蔭下睡覺。

　　男孩好愛這棵樹……好愛喔！樹好快樂。

　　日子一天天過去，男孩長大了。樹常常好孤獨。

　　有一天男孩來到樹下。

　　樹說：「來啊，孩子，來，爬上我的樹幹，抓著我的樹枝盪鞦韆，吃吃蘋果，在我的樹蔭下玩耍……，快快樂樂的！」

　　「我不是小孩子了，我不要爬樹和玩耍。」男孩說。

　　「我要買東西來玩，我要錢。妳可以給我一些錢嗎？」

　　「真抱歉。」樹說。

　　「我沒有錢。我只有樹葉和蘋果。孩子，拿我的蘋果到城裏去賣。這樣，你就會有錢，你就會快樂了。」

　　於是男孩爬到樹上，摘下她的蘋果，把蘋果通通帶走了。樹好快樂。

　　男孩好久都沒有再來……樹好傷心。

　　有一天，男孩回來了，樹高興得發抖，她說：「來

啊！孩子，爬上我的樹幹，抓著我的樹枝盪鞦韆，快快樂樂的。」

「我太忙，沒時間爬樹。」男孩說。

「我想要一間房子保暖。」他說：「我想要妻子和小孩，所以我需要一間房子，妳可以給我一間房子嗎？」

「我沒有房子。」樹說。

「森林就是我的房子，不過，你可以砍下我的樹枝，去蓋房子，這樣你就會快樂了。」

於是男孩砍下了她的樹枝，把樹枝帶走，去蓋房子。樹好快樂。

可是男孩好久都沒有再來，所以當男孩再回來的時候，樹太快樂了，快樂得幾乎說不出話來。

「來啊！孩子」她輕輕地說：「過來，來玩呀！」

「我又老又傷心，玩不動了！」男孩說。

「我想要一條船，可以帶我遠離這裏。妳可以給我一條船嗎？」

「砍下我的樹幹去造條船吧！」樹說。

「這樣你就可以遠航……你就會快樂。」

於是男孩砍下了她的樹幹，造了條船，坐船走了。

樹好快樂……但不是真的。

過了好久好久，那男孩又再回來了。

「我很抱歉，孩子。」樹說：「我已經沒有東西可以給你了，我的蘋果沒了。」

「我的牙齒也咬不動蘋果了。」

「我的樹枝沒了。你不能在上面盪鞦韆了⋯⋯」

「我太老了，不能在上面盪鞦韆。」男孩說。

「我的樹幹沒了。」樹說。「你不能爬⋯⋯」

「我太累了，爬不動的。」男孩說。

「我很抱歉。」樹嘆了口氣。

「我真希望我能給你什麼⋯⋯可是我什麼也沒了。我只剩下一塊老樹根。我很抱歉⋯⋯」

「我現在要的不多。」男孩說。

「只要一個安靜，可以坐著休息的地方。我好累好累。」

「好啊。」樹一邊說，一邊努力挺直身子。

「正好啊，老樹根是最適合坐下來休息的。來啊！孩子，坐下來，坐下來休息。」男孩坐了下來。樹好快樂。

有一棵大樹，春天倚著她幻想；夏天倚著她繁茂；秋天倚著她成熟；冬天倚著她沉思；這棵大樹就是媽媽。

No matter how busy you are, share some time with parents.

◎你覺得你最感謝的人是誰？寫下你對他的祝福。

◎如果是你，能夠像樹一樣付出嗎？你覺得除了父母之外，還有誰可以這樣付出呢？請舉出例子來。

由上述「蘋果樹」的故事，我們可以瞭解到，原來人際的交往也受到許多環境和家庭因素的影響，而溝通也是一般，必須先對溝通的內容有更多的瞭解，才能知道如何運用它，並使溝通變得更順利。

二、溝通系統

首先要對溝通系統中所包含的元素有所瞭解，茲分述如下：

(一) 傳送者

這是指引發溝通的人，把訊息透過某些方式，以某種形式傳達給另一人或一群人。例如：演講者或發號施令的人。

(二) 接收者

意即把對方傳來的訊息加以處理，並以口語與非口語的方式加以反應。

(三) 背景環境

指的是溝通發生時的物理及社會心理環境。背景環境的第一個層面是物理環境，包括地點、時間、燈光、溫度、溝通雙方的距離以及座位的安排，這些都會影響溝通。

第二個層面是歷史環境，前面或過去的溝通會影響目前的溝通。意指如果你和某甲正在談論一件只有你們討論過的

事件，突然某乙經過，想要有所瞭解也是不可能的，因為他並不知道你們之前溝通了什麼。

　　第三個層面是個體的背景因素及身心狀況。每個個體的行為都受其背景因素及身心狀況影響，包括對性別、職業、知識、態度、價值、過去經驗、興趣等及自我生理狀況、情緒、感受、動機、期待，和自我的期待與看法、對其他人的看法等。就如同我們所受的教育和對時事的瞭解，也會影響對他人所傳遞訊息的瞭解，如果恰巧身體十分的不舒服，不論他人所說的言詞有多麼的重要，都無法聽得仔細。

(四)溝通規則

　　是指互動過程中建立的原則或守則。它讓個體瞭解在何種背景場合，哪些行為或訊息是恰當的。例如：在公眾場合應該多微笑與人打招呼，但是也有人會利用聚會來做標新立異的舉動。如果並非本聚會的目的，這種行為就會讓人難以消受。因而如何獲得溝通中的共識十分重要。例如：夫妻吵架如果談論到「你這個人……如何……如何」，會被他人認為有人身攻擊的可能性，如果說對方「我真的不知道你所受的教養是什麼……」，這時會讓對方出現「你怎麼可以攻擊我家人」的想法，就會出現不必要的紛爭，因而我們在此建議，如果可以應先心平氣和地把規則說清楚，才不會出現紛擾。

(五)訊息

　　由訊息的傳送與接收，溝通才能發生。訊息至少包含三

部分：意思、符號和形式或組織。在第一章曾有提及溝通時，感官所記憶訊息的編碼和提取記憶訊息時的譯碼。在此我們進一步地說明三部分所代表的意義：意思是指溝通過程中的想法與感覺；符號則是代表意思的文字、話語、聲音或動作；而形式或組織則是指當意思很複雜時，在溝通時就需要分段或以較有系統的順序來傳送。

(六)管道

指的是訊息在旅行的路線與傳送方法，例如，利用傳聲筒、手語、近身耳語或者是正常音量地說話。

(七)干擾

是指在溝通中，任何阻礙訊息傳收的刺激，其分為外在干擾和內在干擾兩類。外在干擾是指在噪音底下講電話，會很不清楚，或者是剛好說「我愛你」時，公車呼嘯而過，對方沒聽到。內在干擾則是指會妨礙訊息傳收的個人內在因素，包括傳送者與接收者的傲慢與偏見、期待與經驗、價值與態度等。例如：對於你所厭惡的人，他所說的話你大概都不會相信。有如「放羊的孩子」般，說謊太多次，大家可能都不會再相信他了。

(八)回饋

對訊息的意思譯碼是否正確，會有一些心智或身體上的反應，而接收者的反應常讓我們決定訊息是否真正被接收

到，這些反應就稱為回饋。例如：老師上課時，如果看見同學點頭（非打瞌睡），就會知曉剛才所傳遞的訊息已經被接收了。

第二節　人際溝通相關理論

前一節談了一些有關於人際關係構念化和溝通系統的問題，接下來將由幾個比較基礎的心理學概念談起，讓我們得以瞭解溝通過程的互動，再擴展到比較與酬賞和公平相關的理論來加以說明。

一、人際關係需求論

人際關係乃是為了滿足人類的基本需求。人與人之間的關係是否改變、建立與維持，端視雙方的人際需求程度是否一致。其實有下列三種最基本的人際需求：愛、歸屬和控制。愛的需求反映出一個人表達、接受愛的慾望。愛的需求過強者是「過度人際關係化」（overpersonal）的人，希望與他人有密切的情緒聯繫並試圖建立這種關係；歸屬需求強者是「過度社交化」（oversocial），生活中常需要同伴，無法忍受孤獨；控制需求是指一個人希望成功的影響周遭人事的慾望，控制需求強者是「獨裁者」（autocrat），好支配、控制他人，喜歡權力；控制需求適中者是「民主者」（democrat），

能順利解決人際關係中與控制有關的問題；控制需求弱者是「逃避者」（escapist），傾向於謙遜、服從（徐西森等，2002）。

二、Adler的社會興趣

Adler是現代著名的精神分析學者，也是「個別心理學」的創始者，他認為人類行為受到社會驅動力的影響，具有社會性和創造性。人天生有一種主動關心周遭人事物的潛在傾向，稱之為「社會興趣」，是指個人知覺到自己是人類社會的一分子，以及個人在處理社會事物時的態度，包括為人類追求更美好的未來（李佩怡，1999；韓楷檉，1997）。

這種態度卻是最初得自於雙親（尤其是母親）或家庭的關係，經由愛與溫暖或其他冷漠、緊張的家庭氣氛，而形成親子之間的關係，並藉由與他人互動的機會表現出他對人的一種興趣。隨社會興趣的培養，自卑感與疏離感會漸漸消失。人們共同參與活動與互相尊重而表達出社會興趣，此時個人是往生命光明面發展，而未具社會興趣的人會變得沮喪，生活在黑暗面。此種與生俱來的社會興趣，影響兒童人格的發展，任何適應上的問題，都與兒童如何在團體中覓求歸屬感有關。

三、Fromm的逃避／恐懼自由

Fromm是二十世紀初傑出的精神分析學家，以心理分析學說來研究文化與社會等問題。其認為個人的氣質傾向（dispositions）是在他人互動中而形成的，認為人基本上是自由與安全，提出逃避自由（escape from freedom）和恐懼自由（fear of freedom）兩個重要觀念（孟祥森譯，1993）。個人因為恐懼自由而逃避自由；因自由而產生人際關係趨於淡薄，個人承受人際間與自己之間的疏離壓力，對於缺乏社會支持的自由產生恐懼，因而逃避自由，並希望接受他人的管制，從而獲得安全需求的滿足。

四、Horney的基本焦慮

心理學家Horney（1937）提出「基本焦慮論」（basic anxiety），強調人的焦慮主要是由於幼年時的恐懼、不安全感、愛的需求以及罪惡感等複雜的情緒，累積形成怨恨受到壓抑而產生的。這種自我功能受到障礙的最大原因，在於怨恨及其攻擊與破壞傾向。原先是向外界爆發的破壞攻擊力，如果因缺乏對象或無法向該對象發出而受阻時，即會轉向自身而導致自殘行為（徐西森等，2002）。基本焦慮是一種自覺渺小的感覺，無依無助、被遺棄、受威脅的感覺，處身於一個充滿錯誤、欺騙、攻擊、侮辱、出賣及嫉妒的世界中的感

覺（葉明濱譯，1982）。

當兒童身處高度競爭情境中，會感到焦慮不安，進而發展出三種策略以對抗基本焦慮：

1. 朝向人們（moving toward people）：藉著感情投注、依賴和服從來保護自己。
2. 對抗人們（moving against people）：藉著攻擊和敵意來保護自己。
3. 離開人們（moving away from people）：藉著孤立和退縮來保護自己。

Horney也根據個人與他人的關係，將人際關係分為以下三種類型（徐西森等，2002）：

1. 順勢型：其特徵是朝向他人。這種類型的人無論遇到什麼樣的人、在什麼樣的場合下，他首先會想到「他喜歡我嗎？」在得到肯定或否定的答案之後，再採取適當的行動。這種人在交往中，往往是被動的，大多從事社會工作。
2. 進取型：其特徵是對抗他人。這種類型的人總是想窺探交往對象力量的大小，或其他人對自己的用處，從而採取對策，這是一種自我中心主義的表現。
3. 分離型：其特徵是疏離他人。這種類型的人經常躲避別人的影響干擾，不願主動與人進行交往。

五、Sullivan的人際觀點

心理學家Sullivan（1953）發展出以人際互動觀點為主的「人格發展理論」，認為人格是個人與他人關聯的性格型態。在不同階段，人格發展即在不同的人際關係中進行，注重早期發展的人際關係中的焦慮喚起（anxiety-arousing）。因為嬰兒完全依賴他人來滿足生理和心理的需求，缺乏愛及關懷導致缺乏安全感及焦慮。在個人成長過程中歷經社會化過程，不斷地評價造成壓力，使兒童自我標籤某些傾向為「好的我」（good-me）和「壞的我」（bad-me），而「壞的我」部分帶來個人的焦慮，漸漸發展出自我系統（self-system），透過察覺控制，以保護自己免於焦慮，個人會選擇地不注意那些焦慮的經驗要素（徐西森等，2002）。

六、減少不確定感理論

成功的人際溝通大部分仰賴你正確的人際認知，人際溝通是包含逐漸減少彼此間不確定感的過程，藉由被動的、主動的和互動的三種主要方法來完成。

1. 被動的策略：觀察。在團體活動時，藉由觀察來瞭解這個人與人溝通的狀態或方式。
2. 主動的策略：任何形式主動尋求某人資料，而非直接

和人互動，你所使用的是主動的策略。例如：尋求其他友人的看法，或是向他人打聽此人的狀況。

3.互動的策略：和個人互相作用。意指與此人有進一的地交談，藉此來瞭解此人的狀況。

如果我們想加強確定這些人是否值得交往？或許可以參考以下的建議指標：

1.理解你在認知上的角色：首先我們要知道我們是站在何種角度來思考這些問題或選取他人。如果我們只是想要多結交朋友，或許我們的標準就會低一些，如果我們是要尋求一個符合自我價值觀的對象，其標準可能就要有所不同。

2.尋求多樣化的線索：我們在確認與他人的關係時，來源不能只有一個，必須要多一些線索，例如：可以由觀察和他朋友的敘述，及其他的表現來判斷這些人的狀況，也可以就此確認你們的關係。

3.注意你自己的偏見：有時候當我們帶著有色的眼鏡看別人時，被遮掩的其實只有自己而已。我們可能因此錯過許多將會使我們受益的朋友。

七、社會滲透理論

此理論強調的是我們與他人交往的深度和廣度，也可以更深地理解我們對他人自我揭露的深度和廣度。愈親密的朋

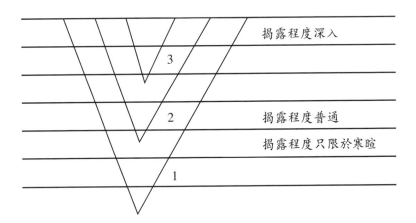

1：指陌生人，揭露程度只限於寒暄
2：普通朋友，揭露程度普通
3：親密朋友，揭露程度深入

圖3-1　與人自我揭露的廣度與深度

友，我們自然會揭露得比較深入，剛認識的朋友則不會這麼
深入（如圖**圖3-1**）。我們如果以一個圓來表示，將圓分成幾
個不同的部分來代表人際傳播的話題或廣度。由數個同心圓
組成，愈往內部愈深入（如**圖3-2**）。

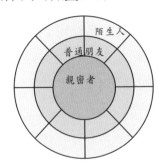

最外圍一圈爲陌生人
第二圈則爲普通朋友
第三圈，即內圈則爲最親密的人。

圖3-2　與人交往之關係滲透圖

八、吸引理論

此理論是指人與人因為外在條件、時空距離縮短和個性或是價值觀、態度的相似或一致，而使之更有話說，所謂「臭味相投」或是「麻吉」。有以下三個因素影響著我們對他人的理解及人際關係的增進。

(一) 引人注意之處

每個人外在條件上吸引他人的地方，例如：生理外觀及個性上，有與眾不同或是更加親切隨和。

(二) 鄰近性

鄰近性通常是指我們對周遭離我們比較近的人有正面期望。例如：期待家人是最瞭解你的，期望朋友一定要挺你。

(三) 相似性

最初的吸引以態度的相似特別重要，也預言關係的成敗，態度的相似或是價值觀相似的人，會隨著時間增加而增長彼此間的吸引力，常有「心有靈犀」的感覺；態度不相似者會隨著時間而減少彼此間的吸引力，如果產生互補原則，或許仍可維持比較長久的關係。

九、增強理論

　　你會和酬賞你的人發展關係，和不賞識你或真正使你痛苦的人避免或解除關係。如果我們常給孩子鼓勵，孩子就會用心地往那些方向發展。心理學中行為派的古典制約和操作制約都有助於人際互動關係的建立與穩定。大陸一位父親因為成功地教養他聾啞的女兒跳級考試讀到碩士，而令人驚訝於他的教育方式。他寫了《賞識你的孩子》一書鼓勵天下的父母應該多鼓勵自己的孩子，賞識他們的成就，使他們深具信心。

　　在人際關係上有異曲同工之妙，那些讓我們記憶深刻的師長不是最鼓勵我們，就是最懲戒我們的。我們比較喜歡接觸那些既親和又能解答問題、鼓勵我們的老師，對於懲戒者則是帶著畏懼的心理多一些。這與操作制約中的「獎懲」想法有關。愈有酬賞愈能增強孩子的行為。

十、社會交換理論

　　約在一九六〇年代時，另有Kelley及Thibaut等兩位學者，藉由利益與損失的經濟模式，來思考人際關係是藉由互動時雙方所獲得的報酬和代價，即是以最低的代價來換取最大的酬賞，用以發展出各種能夠讓你獲得最大利益的關係。

酬賞－代價＝利益

人際關係持續：$\dfrac{報酬}{代價} > 1$

　　酬賞是你付出代價獲得的東西；代價是你通常試著避免的事。投資報酬決定了人際互動關係的吸引力。

十一、公平理論

　　它引用社會交換理論，但比其更為進步，該理論認為一個公平關係是參與者獲得與代價成比例的酬賞。亦即這段關係是否讓雙方都能以互利為起點，其焦點聚集在每天都會發生的關係中不滿的來源，主張發展、維持及滿意公平關係。

　　根據均等和需要原則來分配，均等是指每個人不論貢獻多少都獲得同樣的酬賞；需要則是每個人依個人需要獲取酬賞。有學者調查研究發現：在美國，公平與關係滿意度及關係容忍度有很大的相關；在歐洲，公平與關係滿意度或關係容忍度無關。例如：小組報告分配工作，你覺得不公平的狀況與你和分配者的關係親密與否有關，對你是否瞭解他的個性和你可包容接受的狀況都有關係。

活動3-1　價值船

情境敘述

　　在某個風光明媚的下午，有九個人共乘一艘船，他們是A先生（55歲，心臟科權威）、B先生（36歲，導演）、C小妹妹（2歲）、D女士（60歲，負責殘障收容機構的修女）、E先生（42歲，銀行總經理）、F小姐（26歲，待業中，懷孕的未婚媽媽）、G先生（58歲，學校知名的教授）、H小姐（18歲，高三考生）、I先生（78歲，退休救難員）。

◎當船將要沉沒時，只能有兩位能留在救生艇上，請問該留那兩位？

焦點討論

朋友

一個普通的朋友從未看過你哭泣：

一個真正的朋友有雙肩讓你的淚水濕盡。

一個普通的朋友不知道你父母的姓氏；

一個真正的朋友有他們的電話在通訊錄上。

一個普通的朋友會帶瓶葡萄酒參加你的派對；

　　一個真正的朋友會早點來幫你準備，並且為了幫你打掃而晚點走。

　　一個普通的朋友討厭你在他睡了後打來；

　　一個真正的朋友會問為什麼現在才打來。

　　一個普通的朋友找你談論你的困擾；

　　一個真正的朋友找你解決你的困擾。

　　一個普通的朋友對你的羅曼史感到好奇；

　　一個真正的朋友可以威脅你說出來。

　　一個普通的朋友在拜訪時，像一個客人一樣；

　　一個真正的朋友會打開冰箱自己拿東西。

　　一個普通的朋友在吵架後就認為友誼已經結束；

　　一個真正的朋友明白當你們還沒打過架就不叫真正的友誼。

　　一個普通的朋友期望你永遠在他身邊陪他；

　　一個真正的朋友期望他能永遠陪在你身旁！

◎想一想，在上面的敘述中，你是否都贊成？還是有哪些部分你覺得可以被修改的？

◎想一想，在你的生活周遭，你覺得你真正的好朋友有哪些？他們與你交往的模式是屬於哪一種理論的方式？

第三節　人際溝通模式與要素

　　我們對人際關係有一定程度的瞭解後，接著請同學先測試一下，對自我認知的瞭解，即人際知覺的狀況如何。

　　下列五十五種情境下的態度實踐程度，「絕無此事」得1分，「偶爾為之」得2分，「通常如此」得3分，「大多如此」得4分，「總是如此」得5分。

（　　）1.我很清楚人生的意義，以及畢生所要全力以赴的目標。

（　　）2.我能列舉自己至今為止的五項重要成就。

（　　）3.我很明白自己有哪些專長與資源，正是他人迫切需要的。

（　　）4.我已在心理上做好自我調適，準備要揮別「凡事只靠自己」的跑單幫日子。

（　　）5.若要加入人脈這條「網際網路」，我知道自己的確有兩把刷子。

（　　）6.我平日就有擬訂短期與長期的奮鬥目標，並定期加以審視修改以符合現狀。

（　　）7.我可以列出一張人脈網路圖，顯現我在這項資源上的廣度與深度。

（　　）8.我有本事以相當專業化的方式，向他人介紹自己。

（　　）　9.在做自我介紹時，我的措詞總是簡潔得體、不卑不
　　　　　　亢並引發他人的好奇心。

（　　）10.我與他人相處時，不會有不自在的感覺，而且還能
　　　　　　技巧性地打開話匣子。

（　　）11.若在公開場合發現對方似曾相識，我會主動再做一
　　　　　　次自我介紹。

（　　）12.當對方做自我介紹，或別人介紹新朋友給我時，我
　　　　　　會牢記對方名字與長相。

（　　）13.我時常為了廣結善緣，而在某個社交場合中出錢作
　　　　　　東。

（　　）14.為了拓展自己的事業、打知名度，我會很樂意站出
　　　　　　來。

（　　）15.在與每個人打交道時，無論對方身分地位如何，我
　　　　　　總是待之以禮。

（　　）16.我的名片經過精心設計，能清楚顯示我的工作性
　　　　　　質。

（　　）17.無論何時何地，我都會攜帶數量足夠的名片。

（　　）18.情況合宜時我才會遞上名片。

（　　）19.我在每張所收到的名片上，都會記載會面日期與相
　　　　　　關事項，以利於日後整理查核。

（　　）20.我每天都會向他人說好幾次「謝謝」，也有好幾個
　　　　　　人跟我道謝。

（　　）21.只要有人給我激勵或啟發，我都會誠摯道謝，即使
　　　　　　對方是陌生人也不例外。

（　）22. 爲了避免人脈枯萎，我不時會以打電話、寄小卡片或小禮物的方式，向對方表達感激之意。

（　）23. 我有專用的信紙、卡片與便條紙。

（　）24. 若有人善意伸出援手或向我致意，我會欣然接受。

（　）25. 我已建立一套有系統又管用的人脈網，能夠隨時派上用場。

（　）26. 我所蒐集的名片經過系統化整理，且會定期更新資料。

（　）27. 由於時間資源寶貴，因此我有一套相當有效的名片或文件管理系統。

（　）28. 我每天都會詳細檢視當日的工作進度表，逐一核對進行狀況。

（　）29. 我的原則是今日事今日畢，而非能拖就拖。

（　）30. 所有的來電，我都會在二十四小時內回電。

（　）31. 拿起電話話筒之前，我會思索待會要講什麼。

（　）32. 若對方提出的聚會或會面邀請，將會耗費可觀的時間或精力時，我會婉拒。

（　）33. 在參加每項社交活動時，我會妥善規劃，以期待把握每一個擴展人際或事業的良機。

（　）34. 只要有需要，我會主動尋求他人奧援。

（　）35. 在開口時，我會簡單明瞭陳述需要，而不會擺出咄咄逼人的姿態。

（　）36. 在與朋友的交談中，我常常會冒出「對了，你認識的人中，有哪個人……」。

（　）37.對於別人提出的建議，我有雅量虛心接受，即知即行。

（　）38.每次和朋友交談時，我都會有受益匪淺的感覺。

（　）39.我有參加一些同業公會、職業社團或民間組織。

（　）40.我目前至少在一個上述的機構內，擔任幹部或顧問的職務。

（　）41.我經常會受人之託，利用我的人脈來完成這些請託。

（　）42.「舉頭三尺有神明，抬頭三尺有人脈」，我會勤於把握每一個機會，讓走進我身邊的人都墜入我的人脈網中。

（　）43.我會經常評估自己的人脈網，不斷予以擴充。

（　）44.我對自己的直覺深信不疑。

（　）45.對於自己的人脈網上的每個朋友，我都會傾全力幫助他們飛黃騰達。

（　）46.我提供朋友們一流的服務。

（　）47.朋友們喜歡向我傾訴他們的心聲。

（　）48.君子愛才取之有道，不論我持什麼目的與他人打交道，對方都能感受我的道德與專業涵養。

（　）49.我能以開敞的心胸，去面對每一個結緣的機會。

（　）50.我是公認的人脈高手，擁有一套千錘百鍊的人脈網。

（　）51.我的人脈網不僅幫助自己也嘉惠朋友，同時影響力涵蓋生活面與事業面。

（　）52.我時時刻刻都以這張人脈網爲念，悉心照料灌溉。

（　）53.一提到人脈，朋友就立刻想到我。

（　）54.對我來說，世界是滿小的，一片人脈網就可一網打盡。

（　）55.人脈已深深影響我的人生觀與生活形態。

　　做完以上的測驗，你感覺如何呢？是否人脈就能代表一切呢？在此舉曾任NHK、東京電視台記者西村晃的想法提供大家參考。

一、建構人際溝通的條件

　　在過去我們對於孔雀型性格特質的人，總是抱持著不喜愛的態度，覺得他們很膨風，習慣突顯自己，但是在現今這個自我行銷的世代中，我們也必須具備一定的信心，適度地推銷自己。有人做過研究瞭解，在美國，每一千人中有一百人是屬於孔雀型，但在東方社會，則是平均一萬人中才有一百個人。由此看來，我們仍受到傳統思維極大的影響，要「抑己之德」、「謙沖自牧」，似乎如此才能受人景仰，但是在多變的社會中，總要有人可以大聲疾呼，可以把自己最好的想法提供給他人。如此看來，孔雀的確可愛多了。

(一)要件一：建立良好的人脈

　　人脈是人際間互相提拔的過程，依據西村晃的看法，

「建立人脈，是爲了要互通有無」。人脈是一種「互相提拔」，讓彼此形成「合則兩利」的共榮圈。意指人脈就是「施」與「受」的過程，爲了能「施」，所以必須厚植自己的實力，讓自己有能力助人，如此種下的「因」，未來才有機會贏得回報的「果」。

在此提出建構人脈的三個階段：專業優勢、擴展網路、縱向傳承。首先要瞭解自己究竟有什麼能力與優勢，是「值得讓別人願意跟自己交朋友」的。等自己累積了足夠的專業時，此時是利用前一階段的基礎，去架構自己的「橫向人脈」的時機。最後再做縱向的人際連結，最重要的是「先找出自己的興趣，再以此出發匯聚有各式各樣專長但卻與你相同興趣的人」。

(二) 要件二：擁有正確的心態

胡適有句話說得好「要怎麼收穫，先那麼栽」。在發展人際關係時，同樣也要具有「用心灌漑，細心栽培」的心理。有三種基本態度不可少：一是「但求付出不求回報」的態度；二是耐心等待，讓時間成爲人脈自然發酵的催化劑；第三是善用數位科技，讓自己能有效地架構人脈。

在建構自己的人際關係時，千萬不要忘記理性和感性層面兼具的情形。在本書第一章曾提及黃光國教授所言，中國人的人際關係是人情與面子，是情感、工具和混合的關係。而本章第一節也提及楊國樞教授認爲人們重視角色義務在人際交往的重要性。朱瑞玲則認爲關係的兩大維度是感情的強

度和角色義務的清晰度。由此我們可以瞭解到人際關係是一種長期性的情感投資，同時也是一種彼此相連的網路式架構。

因此我們必須破除「自掃門前雪」的心態，打破不想碰釘子、跟別人開口很丟臉的「死要面子」的想法，爲自己創造不同的人際溝通管道。

(三)要件三：要有技巧的分類

在我們發展人際溝通的管道時，最重要的是不要一直抱怨忙得沒時間經營人際關係，或者是在陌生的環境與不認識的人交談，怕會遭到誤解，或是貿然跟別人開口很唐突的想法。重要的是我們如何利用高科技來協助我們進行人際溝通，有人認爲在很多部落格上發表網誌或心情是件美好的事，有的時候建立一個家族也是件令人興奮的事，但是在正式場合若是你收到名片的話，你該如何處理呢？

其實非常簡單，你可以這樣開始：接到一張新名片後，馬上在名片記下「小抄」充當備忘錄。小抄的內容可包括：會面的日期與地點、在何種場合下碰面、會談的主題與要點、由何人介紹認識，以及雙方約定的後續接觸事項等任何你認爲重要的訊息。你也可以在返家後，利用自製的Outlook電腦連絡人資料庫，讓自己可以輕鬆地將好友的生日記下，在他生日時，收到一份你的貼心禮物，或者是主動連結朋友間的網站，彼此互通訊息。

(四) 要件四：耐心聆聽、主動協助

想要與他人有更好的溝通，第一步就是在本書第一章所提及的——好的「開場白」，讓人對你留下深刻而良好的印象。

第二就是主動開口求助，也不要吝於被別人利用。不求回報地付出，就是最好的開始。

第三就是有耐心地聆聽他人的說話，當聽別人在說話時，眼光溫和地注視並用心地聽出他所想要表達的意義，並能提出建設性而又不逼迫他人的建議或想法。

二、有效的人際溝通

根據溝通理論的說法，人們進行溝通時其實不是只有語言的溝通，通常還包括副語言（如音調、節奏）及肢體語言（如臉部表情、姿勢、眼光接觸及身體距離），而且副語言與肢體語言往往「說」得比「說話」還要「大聲」。因此，敏感於自己的副語言及肢體語言在溝通中所扮演的角色，亦能使你提升溝通效率。

以下三點提醒我們一些提升溝通效率的方法及注意事項：

1.去除外在干擾：在吵雜的環境中，噪音干擾嚴重，訊息傳遞容易扭曲與錯誤。因此，尋求一個合適的溝通

環境是良好溝通的基礎之一。

2.降低內在干擾：人的內在狀態（如生理狀態、情緒狀態）對溝通有很大的影響。因此覺察自我的內在狀態，維持較佳的內在狀態也是良好溝通的基本條件。

3.避免語意干擾：不同的人對於相同的「語言」時常會有不同的解釋。因此，如何將語意以清晰、具體的方式表達出來，往往是溝通良好與否的決定因素。

有效的溝通，最重要的就是要能尊重、真誠一致與有足夠的同理心。有同理心的人，能夠站在別人的立場上，用別人的眼來看，用別人的耳來聽，用別人的心來體會，在這樣的溝通過程中，人們將會試著去瞭解對方的感受、感覺或情緒，也會試著去瞭解別人行為的原因，而不會隨便批評或判斷。當別人經驗某些情緒，或遭遇某些困難時，會感同身受，因此不會漠不關心，也不會表現不適當的同情。有同理心的人，會站在別人的立場上想，因此不會對別人口出惡言，不會對別人大聲責備，也不會對別人苛薄挑剔，因為他們會想如果自己是在對方的位置上時，會有什麼感受。

活動3-2　增進我們的關係

1. 請各組同學帶一副撲克牌來，首先進行抽牌遊戲，看誰能抽到最大點，就由他開始進行「心臟病」的活動。

2. 請此位同學進行發牌的動作，當每人拿好自己的牌後，就開始喊牌，並由每位同學輪流丟牌，在各位同學喊牌和丟牌為同一數字時，大家的手要放在牌上，最慢的同學必須收走所有的牌。

3. 如果先完成的同學可以先休息，待其他人一起玩完這個遊戲。

4. 到最後請最多牌的同學分享剛才的心情。

5. 請每位同學都分享在剛才活動中覺得關係上的連結，或是一些感受及想法。

三、人際溝通的模式與類型

　　諮商心理學家柏恩（E. Berne）認為每個人都有一套固定與他人溝通或面對其所處的環境社會之模式，這就是所謂的「自我狀態」（ego state），也就是我們常說的「生活態度」。這種生活態度，柏恩認為可能是得自於早年父母及其他重要

他人（成人）的行為和態度，藉由情緒或對小孩的期望與要求等種種方式的表達，而影響（內化）成為小孩的行為模式，並形成個人一生的生活腳本（life scripts）。個人在長大以後，其所扮演的角色或行為表現，便會按其得自於父母（成人）所給予我們的人生腳本，一步步地去實踐（韓楷檉，1997）。

在此我們將Berne所提出的溝通分析理論（TA, the theory of transactional analysis）中，每個人內在自我的三個層面：父母（P, parent）、兒童（C, child）和成人（A, adult）做說明。

溝通模式可以分為互補式溝通、交錯式溝通和曖昧式溝通（如圖3-3至圖3-5）。

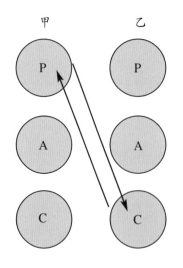

甲同學身為組長，為明日要繳交給老師的報告，請同學要快些交。
「我只有今天晚上可以做，你們下午4:00前要交給我。」
乙同學服從地說：「可以！沒問題。」

圖3-3　互補式溝通

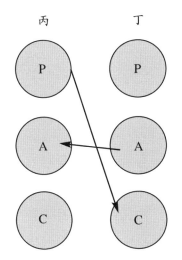

圖3-4　交錯式溝通

丙同學問丁同學明日的考試情形。

「喂！明天英聽要考什麼？」

「你上課都沒在認真聽。」

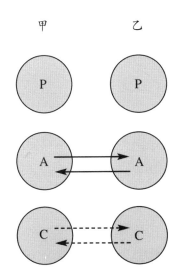

圖3-5　曖昧式溝通

甲同學向乙同學說：「期中考快到了，我們一起去圖書館看書吧！」（其實內心很期待，這是我們兩人單獨的約會）

乙同學說：「好吧！這樣比較有伴。」（其實內心很清楚甲想約她）

上述的溝通型態底下，人們還具有四種心理地位：你好我不好，我不好你也不好，我好你不好，我好你也好。而這些心理地位與薩提爾（Satir）的人際溝通類型中，幾個類型有相似之處，說明如下：

1. 你好我不好：討好型，凡事沒有信心，以他人為中心，害怕與人關係不好，擔心別人會不理他，犧牲自己的時間和金錢來迎合他人。

2. 我不好你也不好：打岔型，對於別人有衝突發生時，害怕那種氛圍，或是不想再說下去，會想辦法轉移焦點。常以八卦、消遣別人作為消極逃避人際關係的問題。超理智型，是指對任何事件的分析都是用理性，亦即是電腦型，如果向他說出一些難過的事，他依然是以如同分析的方法在安慰別人。「情感疏離」會是慘痛代價。

3. 我好你不好：指責型，為了保護自己，時常指責他人並且吹毛求疵，造成自己與他人的隔絕。

4. 我好你也好：一致型，是指在人際關係上會以同理心來關切他人，並依照當時的情境來做反應。

我們試圖將Berne和Satir兩位學者的想法放在一起，如圖3-6的說明。

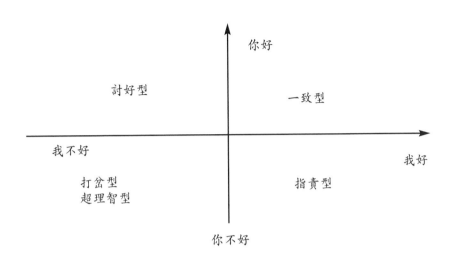

圖3-6　人際溝通的類型（Berne和Satir模式）

四、人際溝通的障礙

　　我們每個人在發展人際關係時，除了對自己的親密朋友，大多數都還是會戴著面具，尤其是隨著年紀的增長，歷練經驗越來越多，臉上的面具種類也更五花八門。我們如果沒有這些保護體，可能會太赤裸裸地呈現在他人眼前，有時連自己都受不了，因此我們應該隨著場合的不同而配戴不同的面具。

　　有時候當我們配戴的面具不合宜時，就會產生更多溝通上的障礙。Berne還提出可能會在語言溝通造成的障礙，在此將人際溝通的障礙分為三大類：裁判、提供解決的方法和忽略他人所關心的重點等（陳皎眉，2004）。

(一)裁判

1. 批評：對他人的人格、行為或是態度，做出負面評價。例如：「你怎麼這麼不知羞恥，考試考不好還敢出去玩。」

2. 命名或標籤：貶低他人或將他人貼上標籤，賦予刻板的名稱。例如：「你怎麼這麼笨，就像一隻腦震盪的豬。」

3. 診斷：分析別人行為的原因。例如：「我知道你說這些話，只是想要氣我而已。」

4. 評價性的讚美：對他人的作為或意見提出讚美，但其中有評價的意味。例如：「老師說報告明天就要交了，我知道你對電腦最行了，你可以幫大家彙整一下吧！」

(二)提供解決的方法

1. 命令：要求他人服從自己的要求，使用這種口氣通常會令人厭惡或是抗拒。例如：「說了多少次，叫你馬上去寫功課。」

2. 威脅：警告對方，如果繼續從事某種行為，將會導致負面的結果，由此達到控制別人行為的目的。例如：「如果你再不把功課寫完，就不能看卡通。」在此我們建議，可以使用「設限」來代替。例如：「如果你現在馬上去寫功課，就可以看三十分鐘的電視，如果你

現在開始玩，玩多久，待會兒看電視的時間就扣多久。」

3.說教：告訴別人，他應該怎麼做。例如：「當初我就告訴你，他不是個好人，你不聽，現在自食惡果了吧！」

4.過多或是不當的詢問：使用封閉式的問題，使別人一下子就以「是」或者「否」回答了。例如：「你一定要穿成這樣子出門嗎？」

5.忠告：提供對方解決問題的途徑。例如：「我如果是你，一定不會這樣說的。」

(三) 忽略他人所關心的重點

1.安慰轉向：藉由談論其他事情，來轉移他人的注意力或者是迴避他人所關注的問題。例如：「船到橋頭自然直，你就別太擔心了，他長大了就會比較好了。」

2.邏輯推論：忽視別人的情緒反應，而以事實和邏輯的觀點來為他人分析事情，或是做出評斷。例如：「你就是太寵你的孩子，所以他們才會無法無天。」在此我們建議，可以使用「建設性鑲嵌」的語句來代替。例如：「你的孩子會這樣，可能有他們的想法，你要不要找一天好好地聽他們說。」

3.保證：企圖利用一些承諾，來停止對方所經歷的負向情感。例如：「妳不要再管這個花心大蘿蔔了，分手後以妳優秀的條件，一定很快就會找到下一個好男人。」

名詞解釋

回饋	公平理論	超理智型	忠告
社會興趣	互補式溝通	指責型	安慰轉向
逃避／恐懼自由	交錯式溝通	一致型	邏輯推論
減少不確定感	曖昧式溝通	裁判	保證
社會滲透理論	心理地位	診斷	
增強理論	討好型	評價性的讚美	
社會交換理論	打岔型	說教	

作業提示

1. 請依據人際關係構念化的觀點來說明，你自己覺得哪一位學者所說的想法，與你比較相符。

2. 請說明溝通系統的元素有哪些？

3. 請就本章所說的人際關係理論，你覺得哪一個理論比較喜歡，請說明原因。

4. 請說明你是否認同建構人際溝通的條件，請說明原因。

5. 請說明Berne和Satir所指的人際溝通的類型有哪些？

6. 請說明人際溝通的障礙有哪些？（可以舉出平時最容易形成的部分）

參考書目

李佩怡（1999），〈人際關係理論〉，《測驗與輔導》，152
　　期，頁52-56。

孟祥森譯（1993），《逃避自由》，台北：志文。

徐西森、連廷嘉、陳仙子和劉雅瑩（2002），《人際關係的理
　　論與實務》，台北：心理。

陳皎眉（2004），《人際關係與人際溝通》，台北：雙葉書
　　廊。

張志學（1999），〈人情在中國人社會互動中的表現：一項關
　　鍵事件的研究〉，「第三屆華人心理學家學術研討會」論
　　文，中國大陸：北京。

張志學、楊中芳（1999），〈關於人情概念的一項研究〉，收
　　錄於楊中芳主編（2001），《中國人的人際關係、情感與
　　信任：一個人際交往的觀點》，台北：遠流。

黃惠惠（2001），《自我與人際溝通》，台北：張老師。

葉明濱譯（1982），《自我的掙扎》，台北：志文。

韓楷檉（1997），〈人際關係與溝通〉，《社教雜誌》，225期
　　（86年4月），頁1-3。

第四章
人際關係與情緒知覺

摘要

　　我們從小到大所學習的溝通技巧實在是少之又少，在此我們提出必須能適當控制情緒，否則易對自己及周遭的人產生不良的影響。其中人際關係中是最容易學習如何知覺自己的形象及情緒。

一、人際關係對自我的影響，包含：(1)人際關係形成與知覺；(2)人際交往與溝通；(3)自我知覺與關係。

　　DeVito（1994）提出了「觀察─假設─測試─驗證假設」的過程，可以幫助個人降低認知偏誤對知覺造成的影響。他認為我們可以透過對他人行為的觀察，形成對此人的一些假設（hypotheses），並且蒐集相關的資料，測試假設的正確性。

二、性別間吸引的因素：包含：(1)台灣女性的地位；(2)影響性別間吸引因素有：情境因素、當事人的個人特質、兩個人之間特質的配合。

　　在教授方面，男性的教授（7,491）多集中於科技類（4,697），而女性教授（1,460）以人文類（573）較多，科技類（558）次之，但仍是差距有6,031人。在副教授上，男性（9,461）與女性（3,486）之差距有5,975人，以科技類差距最多，有4,555人。在助理教授上，男性（7,453）與女性（3,346）之差距有4,107人。在講師部分，男性

（6,549）與女性（5,798）之差距有751人。惟在助教部分三類別（科技、社會、人文）女性皆是多於男性，可見女性仍是從事較多下屬或者是基層之工作，且愈往上層之差距比例愈大。

三、社會關係與自我形象，包含：(1)社會關係對自我形象的影響；(2)人際關係與自我形象。

莊耀嘉（1998）從事了一項研究，係探討華人對角色規範的認知。表明中國成年人用不同的維度去判斷自己與別人形成的社會關係（引自張志學、楊中芳，1999）。維度非常清楚地區分了個人的親近關係和那些比較疏遠的關係。有的包含較高的情感成分；而有些關係中，雙方只維持工作交往，情感的投入很少。這一結果反映出費孝通（1986）所講的「差序格局」。

前言

　千萬別勉強別人聽你說話，如果別人不願意聽，你最好留下自己的話語，而不是留下別人。

——英國政治家 切斯特菲爾德（Lord Chesterfield）

　　人際關係在日常生活的每一分秒都有可能會出現，以往我們總是認為這是與生俱來之能力，經過前面的述說已經瞭解它是需要更多的學科的加入，甚至於我們必須敏感地知道一些知

覺與自我形象的關係，才能知曉其中的奧妙，方能好好運用。

第一節　人際關係對自我的影響

　　人際關係如果是一門學問的話，它是包含社會心理學、教育心理學、管理學及其他相關學科，作為社會與個體適應變遷的基準。首先，人際關係應是指人與人之間的關係，可由不同的發展階段、組成方式和生活方式而有所不同，例如：社會生活的領域，分為家庭生活、職業生活與社會公共生活中的人際關係及生產性關係。

　　其次，人際關係的功能在第一章已提及，最大的功能為滿足人們在社會交往過程中精神需要而建立起來的。這是一種具體的心理活動，包含：(1)心理關係；(2)感情關係；(3)個體與他人的心理距離和行為傾向。

一、人際關係形成與知覺

　　人際關係形成的原因有許多，在此把它分為四大類：

1.以血緣與姻緣為基礎而形成的人際關係，如父母、子女。
2.以地緣為基礎而形成的鄰里、同鄉等。
3.以業緣與社緣為基礎形成的聯繫，如同事、上下級、經營者與顧客。
4.以友緣、情緣結成的朋友、戀人。

　　由此我們可以說「人際關係」是：由兩個以上個體以某種（些）基礎與依據，因某種（些）原因而產生各種關聯的對子體或多子體。

　　個體間的許多關聯，因家庭或社會中所承擔的角色所具有的身分而產生。

　　以角色標識的人際關係也在某種程度上揭示了個體之間交往的內容方式，應盡的責任、義務，而且也或多或少地隱示了交往雙方的親密程度，及雙方交往的頻繁性、持久性，雙方可互相影響、相互作用的深度與廣度。例如：老師給學生上課，學生經過老師講課、提問、解答、讚揚、批評等行為而產生互動，從而產生關聯。

　　在過去沒有發生過交往的雙方，則是找出與雙方直接有關連的第三者，從而交往雙方就間接地產生了關聯（這或許也是中國人擅長拉關係的一個寫照吧）。

　　即使找不到雙方共在的某時某地，主觀的情趣相投、感情吸引、互可利用的誘惑亦可使交往雙方成為朋友。例如：特殊族群在一起相處，即使對面不相識，經由相同語言或者是相同服飾即可帶出相同的情感。

　　中國人的緣與命的說法，表達了似乎冥冥之中有一位愛成人之美又愛惡作劇的月老或「命」，在操縱著人生棋盤上數以億計的棋子，決定怎樣性質的關聯（如血緣、姻緣）及互動質量的好壞（如良緣、孽緣）。兩者之間有某種「關係」，例如：同鄉，並不一定代表曾交往過。

焦點議題

你的知覺敏感嗎？

在第二章我們曾提及「自我知覺」，是指個體試圖瞭解自己的認知過程，也就是個人對自我意象的評定和看法。

什麼是「知覺」？在日常生活中，我們的眼睛、耳朵、鼻子、舌頭、皮膚等感官，不斷地接收各種刺激和訊息，同時，我們也不斷地為這些刺激和訊息，賦予個人主觀的解釋，這就是所謂知覺（perception）的歷程。它包括以下三大部分：

◆產生感官刺激

每個人的感官，接受刺激的能力並不相同。雖然每個人的周圍充滿了各種刺激，但是，感官所能接收的訊息，卻相當有限。

一方面可能是受到生理條件的限制，另一方面則可能是個人的心理因素，影響了訊息的選擇。例如：興趣、需求或者是期待。

一般而言，我們的感官在一既定時間內，只能接受少量的刺激，而且我們的知覺是有選擇性的（selective），而這種選擇性也是個人在訊息處理過程（information processing）中，不可或缺的因應機制（coping mechanisms），若是缺少這個因應機制，個人可能被迫接受大量訊息，因而

造成過度負荷（overload）的現象，但這種選擇性的知覺，也往往造成人際間的誤解。

◆組織感官刺激

到了第二階段，個人會根據不同的原則，組織感官所接收到的刺激，常會使用像接近性、封閉性，還有連續性、相似性、簡單化等常用的感官刺激組織原則。

所謂「接近性」，是指人們知覺外在刺激時，會將時空上接近的人或訊息，視為同一類或彼此有關聯的事物。

所謂「封閉性」，是指個人可能將不完整的訊息，知覺成為一個完整的訊息。

◆解釋─評價感官刺激

人們選擇和組織感官所接收到的刺激之後，便開始解釋和評估刺激。

這個步驟受到個人過去的經驗、需求、願望、價值觀、信念等因素的影響，因此，即使人們暴露於相同的刺激之中，也可能有迥然不同的詮釋和評價。

藉由上述說明，我們可以來做一些測試，瞭解自我的知覺究竟有多敏銳？

1.首先，請老師播放20張投影片。

2.請同學閉上雙眼，思考剛才哪一張最能引起你的興趣？為什麼？

3.如果再睜開眼，重看一次，答案是否會有所不同？

資料來源：摘自陳皎眉（2004），《人際關係與人際溝通》，50-56頁。

二、人際交往與溝通

請記住，與你談話的人對於他自己、他的需求以及他的問題，比對你及你的問題興趣大得多。

——卡內基創辦人 戴爾·卡內基（Dale Carnegie）

人際交往是建立於彼此善意且信任的關係中，它有可能是個體間或是群體間所產生，會形成心理關係、感情關係，或個體與他人的心理距離和行為傾向。

(一)人際交往的概念

人際交往界定為「兩個以上的個體之間透過各種媒介進行思想和行動的相互作用，它包括人與人之間透過心理關係、法律關係、道德關係、經濟關係所產生的互動等等」。

1.人際交往是發生在個體之間的活動，因個體與群體、群體與群體之間的互動在大多數情況下，從具體運作層次上來看也是某個個體與某個個體之間的互動。

2.人際交往是一個由起動到維持，發展到結束的過程，

此過程包括交往對象、目的、動機、手段、規範、結
果等；人際交往是一系列個體間相互影響、相互作用
的過程，其中發生許多心理行為，例如：印象形成與
整飾、自我表現、交往成敗的歸因、信任、嫉妒、忠
誠、孤獨、內疚、溝通、交換、利他、攻擊與衝突、
控制與服從、保護與依賴等。

(二)溝通型態之文化特性

對於人際交往中，談話或者是傾聽的特性，都與文化有
相關，西方人常會把自己與他人的溝通視為一件重要的事，
其中與人際交往相類似的概念就是互動（interaction）。他們
認為談話是令人渴望的，在工作上或者社交上是不可或缺的
一環。在東方社會則崇尚「沉默是金」的圭臬，有時這樣不
但會獲得他人喜愛，也會使得「服從」議題，成為可能考慮
部屬績效之一。

Parsons認為，互動是一個過程，至少包括四個可明顯區
分的成分或方面：

1. 互動的一系列單元。
2. 用以組織單位定向與互動本身的一系列規則或其他
   「編碼」因素。
3. 一個有秩序的或被模式化的系統或互動過程。
4. 系統運作及交換發生的環境。

由此可以瞭解，互動帶動人際交往中重要成分的形成，

即是透過有系統、有秩序的組織單元化模式，會形成一系列
的過程，可能在數分鐘內完成，也可能在數秒鐘內完成，但
它都是可以組織爲系統的單元。

　　既然溝通如此重要，東方社會是如何看待的呢？大多數
的人會依據黃金定律來思考：「你要別人如何待你，你就先
要怎樣待人。」這句話不僅在東方，在西方也很受歡迎，此
定律是基於每個人都能以同理的角度來看待他人，但是若兩
個人過去的生活經驗、背景或悅納的標準不相同時，這個定
律就會接受挑戰。我們來看下面的例子：

　　在「當男人愛上女人」電影中，太太覺得先生不瞭解她
酗酒的情形，即使在戒酒後，仍會有情緒無法出口的狀況，
可是先生卻覺得已經一直在體諒太太或者幫助太太了，爲何
太太仍是無法與他有直接和真誠的溝通，問題到底在哪裏？
或者是發生了什麼事？

　　我們試圖詢問以下問題，請同學利用簡短的方式來回
答。

1.良好的溝通能力是先天還是後天所培養？你的看法是 __

　　_____

2.你與他人的溝通方式，取決於對象或情境？你的看法
　是 _____

3.你喜歡在溝通時採用主動還是被動的方式？你的看法
　是 _____

比較會溝通的人較吃香？

　　美國前總統福特，他一生中最遺憾的事，是他的溝通能力不夠好，希望自己能夠是個更好的大眾溝通者。前美國總統柯林頓的口才也蠻不錯的，但他自己覺得還要更進步，於是請了專家來指導他，希望自己能夠表現得更好。在會議中或是團體聚會，說的話讓人有印象，自己才會有成就感。

　　日本做了一份語意分析調查，發現前首相小泉純一郎所說的話，會影響人心的比例遠超過安倍首相，這是因為小泉比較擅長使用共同性的話意，例如：希望別人支持改革方案，他會上街頭來演說，第一句話是：「我們一定要支持×××法案，因為這是我們的國家，我們要能關心大家共同的權益。」很自然地把政府和人民連成一線，這比一開口就說：「大家好，我是○○○，今日要來說明×××法案。」好多了。

　　在此我們請大家來思考，平時你都是如何與他人溝通？

　　◎開場白：「你好嗎？」、「好久不見」、「近來過得如何？」

　　◎溝通方式：(1)以真誠為主；(2)視情境而定；(3)只是

社交罷了。

◎表現：(1)不要太突出，會被他人嫉妒；(2)不打不相
　　識，清楚的溝通最好；(3)尊重他人，也展現自己，
　　尋找有趣的話題。

以上我想大家都有一定的選擇，大多數的人際關係都
非絕對的，而是介於這兩種狀況之間的中間地帶。現在請
同學以關係的遠近畫出自己和朋友的位置圖（至少連結五
位同學）。關係圖上寫出：

★ 朋友的名字或綽號。

★ 對每個朋友的形容。

★ 請找隔壁同學一起分享。

★ 與朋友的相處情形及相處時印象最深刻的一件事。

★ 是否滿意這樣的關係圖？若不滿意要如何去改善
　它？

◎你覺得在剛才溝通的過程中，你是否比較開放，還
　是比較等待呢？

　　人與人組成了人際關係，透過雙方相互信任和相互依
靠，便會產生持久與親密的關係。但是另一種人際關係是具
有一定的距離，雙方保持謙恭又彼此遠離。彼此之間的空間
距離就代表著關係的親疏遠近，距離近的，代表彼此的關係

是較親密的，距離遠的，其關係是較疏遠的。

　　經過上述兩次的問答和討論後，如果我們再思考黃金定律，你是否會覺得某些部分應該修正，或許我們可以說是：「你想要別人如何待你，你就先如何待自己。」這句話聽來很自我，擴展意義應該是：在期待他人的同時，請你先照個鏡子，看看自己，好好待自己和喜歡自己，你也會有同樣的心情去看待他人。誠如西方所言之「同理心」，要學會設身處地為別人著想，但首先自我要能有同樣的心情。因此自信是溝通、與人相處的基礎，能培養積極的態度，讓工作更有效率。我們不要把別人「定位」成某一類的人，更不要將自己「定位」成某一類人。這樣子自己會有更多的驚奇與發現，別人也會願意接近你，也能夠喜歡更多人，能夠學習到更多事情，人際關係也會變得更好。

　　溝通的重要性與文化有極大關係，中國人十分重視儒學思考，在人際關係上或是交往的哲學上，也不可避免地將孔子的思維放入，雖然隨著時代和社會價值觀的變遷而出現某些變革，然而基本上都是以「仁」、「義」為準則。

　　在《論語》中可以看到孔子與弟子的對話，將「仁」看作是人們交往的重要目標或目的：為了實現此目標，人們社會交往中必須遵循禮、德、利、義、恭、寬、信、敏、惠、孝悌和忠恕等交往原則。儒家主張仁愛的實施必須遵循「禮」，「仁愛」也需安分守己，限制在自己所應施愛的範圍內：這個觀點被荀子所贊同，他認為，「禮」首先就是指「貴賤有等，長幼有序，貧富輕重皆有稱者也」(《富國》)。把

「禮」看作是調整人與人之間關係的最高行為準則,所謂「禮者,人道之極也」(《禮論》)。

《禮論》和《富國》二書也同時點出,儒家學說把「禮」看作是處理一切人際關係的準則。後代子孫必須用心遵循,於是師生相待有禮,在職場也應有一定的倫理。因此有學者將「禮」視為人們生活中必須遵守之倫理。

在西方社會雖未能那麼強調「禮」這件事,但是職場倫理和社會責任卻是他們所重視的。亦即在一個團體中,你仍是要有「道義」的思考與責任,方能幫助你完成應做好的事情。誠如牛頓所說:

> 當你加入一個團體時,先注意觀察他們,及時調整你自己,這會使他們的談話更開放自在。你應多用詢問及不確定的語氣,而非堅持或爭執。這樣做,會使你的朋友相信你是尊重他們的,而他們也會更樂意告訴你他們所知道的事,不敬與爭吵絕不會幫助你更快得到這些。

由此可知,東、西方學者看法一致的是,要懂得「同理」,多傾聽,必要時能一針見血,在任何情境及狀況下重複練習,給他人他們所需要的。以下的例子可作為參考:

> 《華爾街日報》有一次訪問了兩百位副總經理級以上的人,問他們聽演講的經驗如何。結果46％的人說很乏味,44％的人說聽得想打瞌睡,只有3％的人覺得他們聽的演講很感人。

　　說話要說到別人想聽不是那麼的簡單。仍要以真誠、同理，循著一定的規範和倫理才能打動人心。

(三) 自我知覺與關係

> 只有當一個人願意被影響的時候，溫柔、客觀的勸告才有被接受的可能。
>
> 你想贏得他人贊同你的想法，一定得先使他相信你是他真心的朋友，這就是捕捉他心靈的一滴蜜，得到了他的心。
>
> 人就是這樣，想要引領他，必須先瞭解他，即使是為了他的好處……
>
> ── 美國總統 林肯（Abraham Lincoln）

　　上面提及東、西方文化對於溝通之不同看法與特性，在此我們也由社會心理的過程來瞭解，我們會如何知覺與他人的關係該如何經營？

　　DeVito（1994）提出了「觀察─假設─測試─驗證假設」的過程，可以幫助個人降低認知偏誤對知覺造成的影響。他認為我們可以透過對他人行為的觀察，形成對此人的一些假設，並且蒐集相關的資料，測試假設的正確性。在測試過程中，必須特別注意那些與假設不合的線索，並且不要驟下結論，除非自己已經蒐集到許多相關的資料。這種方法最主要的目的，在於降低個人內在既存或預設的想法或立場，對其人訊息接收和詮釋的影響力，使個人能夠以更為開放的態

度，蒐集對方的資料，如此，應該可以增加人際知覺的正確性。

有時我們對於他人的看法也會依照過去經驗來思考。當我們接收到某些訊息，並且試圖解釋—評價這些訊息時，我們必須依據個人過去的經驗。

> 例如：期中考快到了，此時又恰巧遇到社團評鑑，你身為負責人，於是拜託幹部們幫忙，但他們都說「要準備考試」，你很生氣，很想好好地整合大家來開會，可是大家都不理會你，你因此很沮喪，就想起以前學長／姐曾說過的一句話：「你的好朋友，在同一個社團後就變得難以要求了，大家之後會以仇人相視。」

請問這是真的嗎？這位負責人該如何來面對這些幹部呢？好朋友要如何成為有力的助手，而非不能合作呢？

自然除了觀察、測試與他人關係，個人過去經驗外，最重要的就是個人所扮演的角色，也會影響其知覺。每個人因為職業不同、專長不同，會導致不同的人所注意的焦點、接收到的訊息也不相同。因此，和別人交往時，有時候也必須將心比心，從他人的角度看待事物，才可以化解許多人際之間的衝突。有時我們覺得我們正在往窗外看，但實際上我們正是在看鏡子。

這種情形有時也會發生在親子間或者是手足間，愈是親密的家人就愈容易有衝突，要如何跳脫這些可能發生的狀況？端看我們的智慧如何處理。

　　例如：有一對感情極好的姐妹，她們時常會相互交換衣服、鞋子或者是其他物品，來打扮自己，長久以來相安無事。有一天，姐姐發現妹妹又穿了她的衣服去參加Party，而且還喝得爛醉如泥回來，把衣服吐得都是臭味，而那件衣服是她極為珍愛且具有意義的衣服，她要如何處理這種情境呢？如果是你，你要怎麼辦？

活動4-1　　「偷穿高跟鞋」影片討論

◎先觀賞一部影片之片段後，再進行討論。

1. 說明您在影片中看到妹妹常會為姐姐帶來麻煩，後來被姐姐趕走……

　　請找尋一組同學（約六名），分別扮演兩姐妹及好友，您會有怎麼樣的心情和看法。

2. 請交換角色再演一次，看看有什麼不同？

3. 如果能夠描述出來，你會希望用何種語言或者是非語言來描繪？

　　（教師可以隨意選取電影「偷穿高跟鞋」中某一段來作討論，效果很好！！）

第二節　性別間吸引的因素

在世界上並非只有男性和女性外表生理上的因素和特徵，會影響人際關係間的互動，然而我們不可諱言地說，當我們提及「男人來自火星，而女人來自金星」（取自《男女大不同》一書）時，內心其實是充滿矛盾的。

這種矛盾來自於原本就不相似的兩個人，您硬是要放在同一個天平上去衡量是不可能的。這些矛盾來自於人性本身就有許多無法理解和不甚瞭解之處。這自然也與近來幾世紀之婦女運動有關。但是造物者似乎特別眷顧「台灣」，過去以來許多婦運人士所提出來的看法雖未完全實踐，仍有努力的空間，但是已往前踏了一大步。這些也是先輩的付出才能得到的結果，這些並不如國外般必須聲嘶力竭才能達成，反而有更大可以思辨的空間。

一、台灣女性的地位

現在台灣的婦女運動與西方其他國家是不能相提並論的，在過去的社會中，受到傳統思想的影響，女性的地位低微，只比日、韓兩國高出一些，尤其台灣曾受過日本統治五十年，總是很希望聽到女性能說一句「丈夫是天，一切都聽您的。」之類話語，這能滿足大男人的心態。

　　然而曾幾何時，在物換星移之下，女性也開始覺醒，期待不再成為男人的附庸，也有自己的主張，受過高等教育，投入就業市場。在香港二○○六年的發現，女性投入勞動市場的比例已經達到54.75％，而男性只有43.5％。由此可知，女性已逐漸成為社會中堅分子的要角，而其中最重要的是，近來晚晴基金會做一份調查（2007.09.24《中國時報》）發現，過去四、五年級前段班，婚姻破裂的主因是「個性不合」，其次才是「外遇」，而且女性來敘說先生外遇的情形居多；現今是「外遇」成為婚姻破裂的主因，而六年級生普遍是由女性來敘說太太外遇，為家庭和諧，該如何挽回。

　　這些在在都顯示，當男性和女性在受教育的機會均等的情形下，雖然在博士的比例上，或者是學校升等教授的名額及情況，仍是以男性居多（參見**表4-1**），但是女性受到重視，例如：擔任女主管或成為公務體系中之女閣員，比例上升不少。然而這就是我們想要的真平等嗎？這些會不會影響男性和女性在職場中的相處，或者應該說是相遇或者吸引、相戀、結婚及婚姻經營呢？這是值得深思的問題。

　　由**表4-1**可明顯地看出，在教授方面，男性的教授（7,491）多集中於科技類（4,697），而女性教授（1,460）以人文類（573）較多，科技類（558）次之，但是仍是差距有6,031人。在副教授上，男性（9,461）與女性（3,486）之差距有5,975人，以科技類差距最多，有4,555人。在助理教授上，男性（7,453）與女性（3,346）之差距有4,107人，在人文類相差無幾，但是在科技類男性（4,287），女性（1,006）

表4-1　大學校院專任教師及助教人數──按職級別、性別及研究類別分

95學年度　SY2006-2007

	總計 計 T.	合計		教授		副教授		助理教授		講師		其他		助教	
		男 M.	女 F.	男 M.	女 F.	男 M.	女 F.	男 M.	女 F.	男 M.	女 F.	男 M.	女 F.	男 M.	女 F.
總　計	46,926	32,149	14,777	7,491	1,460	9,461	3,486	7,453	3,346	6,549	5,798	1,195	687	566	1,503
研究類別															
教育學類	1,300	663	637	250	160	254	239	117	189	42	49	-	-	17	76
藝術學類	1,424	815	609	187	83	217	172	164	145	218	206	29	3	17	54
人文學類	4,350	2,022	2,328	503	222	528	644	510	617	474	843	7	2	31	152
經社及心理學類	1,667	1,079	588	371	122	365	220	302	186	39	59	2	1	17	86
商業及管理學類	6,469	4,180	2,289	730	118	1,314	529	1,102	497	1,011	1,138	23	7	36	219
法律學類	478	360	118	129	18	105	33	108	56	17	11	1	-	6	27
自然科學類	2,098	1,670	428	737	134	447	111	449	137	35	46	2	-	74	118
數學及電算機科學類	4,008	3,349	659	625	61	979	154	1,038	148	700	295	7	1	52	103

（續）表4-1 大學校院專任教師及助教人數──按職級別、性別及研究類別分

	總計 計 T.	合計		教授		副教授		助理教授		講師		其他		助教	
		男 M.	女 F.	男 M.	女 F.	男 M.	女 F.	男 M.	女 F.	男 M.	女 F.	男 M.	女 F.	男 M.	女 F.
醫藥衛生學類	4,863	2,748	2,115	715	204	829	414	713	425	486	917	5	155	27	201
工業技藝學類	21	20	1	-	-	8	-	5	-	7	1	-	-	-	-
工程學類	8,789	8,167	622	2,135	81	2,707	146	1,679	158	1,616	236	30	1	143	140
建築及都市規劃學類	725	609	116	91	4	202	25	124	30	191	56	1	1	3	16
農林漁牧學類	1,037	805	232	322	47	242	81	153	56	88	48	-	-	14	19
家政學類	952	335	617	60	52	80	135	138	175	55	248	2	7	-	18
運輸通信學類	356	308	48	47	2	107	13	91	20	61	13	2	-	7	6
觀光服務學類	714	407	307	35	6	102	43	150	92	102	164	18	2	-	13
大眾傳播學類	618	380	238	58	38	111	61	103	71	104	68	4	-	7	33
其他學類 （含體育）	766	560	206	135	27	165	68	118	48	132	58	10	5	11	27
未分類	6,291	3,672	2,619	361	81	699	398	389	296	1,171	1,342	1,052	502	104	195
三分類 Tri-Category															
人文	####	7,73	6,399	1,436	573	1,863	1,521	1,298	1,295	2,037	2,498	1,098	512	180	504
社會	####	6,644	4,014	1,358	329	2,055	977	1,868	1,045	1,314	1,646	49	17	66	390
科技	####	####	4,364	4,697	558	5,543	988	4,287	1,006	3,198	1,654	48	158	320	609

附註：未分類教師含校長、共同科目、軍訓教官、護理老師、教育學程及計算機中心等教師。
參考來源：http://www.edu.tw/EDU_WEB/EDU_MGT/STATISTICS/EDU7220001/gender/index1.htm

相差最多，社會類男性（1,968），女性（1,045），亦相差有923人。在講師部分，男性（6,549）與女性（5,798）之差距有751人，以人文類女性（2,498）超越男性（2,037）有461人，社會類女性（1,646）超越男性（1,314）有332人，但在科技類男性（3,198）仍是超越女性（1,654）1,544人。惟在助教部分在三類別（人文、社會、科技）中女性皆是多於男性，可見女性仍是從事較多下屬或者是基層之工作，且愈往上層之差距比例愈大。

在第二章提及人際吸引的因素包含以下六點：(1)外在吸引力；(2)時空的接近；(3)喜歡的互惠往來；(4)能力；(5)態度相似；(6)需求互補。在此不贅述。

二、影響性別間吸引因素

然而真正影響性別間吸引因素者，也有下述可以說明：(1)情境因素；(2)當事人的個人特質；(3)兩個人之間特質的配合。

(一)情境因素

在情境因素上，我們可以簡單地瞭解來自兩方面：一是「接近性」，再者為「熟悉性」。

「接近性」即為時空距離所譜出之吸引性。我們常說「近水樓台先得月」，因為距離比較近，所以看見的月亮也特別大又圓。在人與人的關係中，時常遇見的人，總是印象特別深

刻，例如：一起上班、同搭電梯的人；同一個辦公環境的人；時常在業務上有接觸的人。這些都是建立友誼的先決條件，愈接近有可能愈瞭解，因而也可能造就在朋友、或者是親密伴侶的選擇上。

雖然人與人之間因為距離接近而產生親近感，然而外在特質的吸引也是一種不可磨滅的因素。有人就認為「美貌」是可以讓他人或者是異性心甘情願為他做事，但這絕非是定律，因為也有人覺得擁有外表的人都是比較高傲的，反而不如親和的人來得受人歡迎。這在下面有關個人特質部分會再詳加描述。

根據瞭解，女性對男性的外在特質（包括外表、長相、身材，以及外顯、可被觀察的行為表現），比較在意的是身高及體格；而男性多半提及女性的相貌，雙方均普遍提到的是感覺親切、好相處或體貼等外顯的表現或行為特質。

這說明每個人對異性的「第一印象」（第一眼，或者稱為初始效應），會影響是否繼續成為朋友，乃至於伴侶的條件之一。在此我們也歸納出因為接近性而導致吸引的原因有（陳皎眉，2004）：

1. 因為距離接近，彼此在互動過程中所需付出的成本較少，酬賞卻相對的增加。例如：當我想和女友一起散步逛街時，如果她就在我附近或者是身旁，我就可以省下不少交通費。我們約會的時間會增加，不會浪費時間在交通上。

2.因為接近，導致增加獲取對方相關訊息的機會。例
如：我可以很清楚地知道他是過著怎麼樣的生活，不
需要經過偽裝或者同居、試婚，也可以明白以後該如
何相處。

3.因為彼此接近的人，容易產生熟悉的感覺，進而增加
彼此的吸引力。例如：愈瞭解對方，我愈覺得他的個
性愈與我相投，或許「臭味相投」是因為我們熟悉的
關係，連吃東西和買東西的品味都如此相近，也就愈
覺得我們合適在一起。

活動4-2　你和我是一對戀人嗎？

◎首先播放「曖昧」這首歌。

Part1：

1.請六位至八位同學一組，進行這首歌內容的分享，
只能用一句話來形容。

2.請同學編造一個劇情大綱（可以與歌詞相似），進行
分組的表演。

3.各組可以說明編排的理由及這段表演想傳遞的訊
息。

（觀賞的同學亦可以提問）

Part2：

1.請六位至八位同學一組，進行這首歌內容的分享，
只能用一句話來形容。

2.請同學改編這首歌的歌詞，並將其跟著旋律唱出來。

3.各組可以說明改編的理由及想傳遞的訊息。

Part3：

1.請六位至八位同學一組，進行這首歌與其他相似歌曲的融合創作。

2.請同學將改編過或者是創新歌詞，進行分組的表演。

3.各組可以說明創新的理由、最想傳遞的訊息和對現今都會愛情的看法。

（教師可以隨意選取其他歌曲來作討論，也可只選取以上其中一種狀況做為課程實施。加入競賽也不錯！）

在「熟悉性」的部分，人類其實對於愈熟悉的事物，愈可能產生喜歡的感覺，就好似狗兒為何都要在自己的領域範圍內撒泡尿呢？獅子為萬獸之王，為何會先觀察這個範圍的生態，才會做大規模遷徙呢？因為我們對熟悉的物品掌握度比較高，所以會容易產生親近和喜悅的感覺。

至於「曝光效應」是否會讓人喜歡？請觀察近來歌手們發片時，猛做宣傳，即可以獲得證實。人們確實對於比較常見著的事物有熟悉感，但是「過與不及」皆非好事，中國古人智慧所說的「中庸」莫過於如此。例如：當你拿著搖控器看著電視，發現到那一台皆是這位歌手的歌曲時，有時你會

出現因曝光過度而感到厭煩的情形。也或者是你本來就不喜歡這位歌手，所以你會感到更加痛苦和厭煩。這其實也應驗著：當人們處於愉快的情緒時，伴隨此情境出現的人，也會讓我們較為喜歡。

因此當我們在期待能增加熟悉感的同時，也不得不注意以下的原因（陳皎眉，2004）：

1. 一個人的重複出現會增加我們辨識出這個人的可能性，減少不確定、不安的感覺，而增加了對這個人的正向感覺。例如：我每次遇到困難時伸出援手的都是這個人，他也讓人有可以信任的感覺，因而以後只要有問題都會詢問這個人。

2. 對一個人熟悉時，我們較可以預測對方的行為。例如：我可以很清楚地知道他接下來可能有什麼反應，或者是說什麼話，有沒有傷害性，我是不是需要避開。

3. 對一個人熟悉時，可能發現或假設對方與我們相似，以增加對此人的好感。例如：愈瞭解對方，愈覺得對方一定也是與我想的相同，不只是「臭味相投」，有時還會「同仇敵愾」呢！

這也說明：如果兩個人之間的興趣（interests）、需求（needs）、個性（personality）相抵觸時，空間的距離愈大，見面的機會愈少，彼此的爭執或衝突，反而可能減少。這也是值得我們深思的地方。

(二)當事人的個人特質

　　兩性吸引是當事人衡量自己與對方互動狀況的另一個重要因素，在親密關係初形成時仍扮演舉足輕重的角色。在此階段，兩性吸引的因素漸由外在表淺的特質轉向內在個人的人格特質或內涵。

　　在此我們可以歸納出有某些人格特質是受到人們喜愛的：眞誠、溫暖、能力、外表吸引力等。但是除此之外，仍有適合男性與女性特質者，我們可以從中來作一些瞭解。

　　李美枝於一九九五年至一九九九年間，調查大學生所認爲最吸引人的男性與女性特質（如**表4-2**）。

表4-2　吸引人的男性與女性特質

男性	女性
溫柔體貼	溫柔體貼
穩重	善解人意
聰敏的	聰敏的
負責努力的	有思想的
幽默風趣的	活潑可愛的
領導力的	積極的
帥帥的	美麗的
整潔的	獨立的
會做家事	會做家事
不大男人主義	不大女人主義
有生活情趣	有生活情趣
孝順的	孝順的
健康的	健康的
誠實的	純樸的

　　至於在台灣地區大學生認為適合於男性和女性的性格特質，依據李美枝（1994）於《性別角色與性別差異》一書中表示，二百多位男女大學生的看法，如**表4-3**。

　　由**表4-2**及**表4-3**，我們可以理解，最被人喜愛的男女性特質，占第一位者都是溫柔體貼，第三名都是聰敏的，會做家事都是第九名，不大女人（男人）主義、有生活情趣、孝順的和健康的，都是男女性對對方的相同期待和看法，而外表因素的美麗或者是帥帥的都是第七名，可見外在因素的影響已逐漸下降中。

　　雖然人們還是不能抗拒「美」的事物，甚至於說明「心美，所見之物自然皆美」的原理，因為美麗具有「散逸效果」（radiatign effect of beauty）。尤其是在社會能力（social competence）上，讓別人看到自己和一位非常具吸引力的人在一起，可以增進自己的公眾形象（public image），會有「美即是好」的效果，但是對於長期的人際關係，或者是與幸福、生活適應（adjustment）、智力、正直（integrity）、關心他人（concern for others）上，就沒有那麼明顯的效力了（陳皎眉，2004）。

　　一方面可能因為兩人互動的時間和頻率增加之後，人們對彼此內在的特質會有更為深入的瞭解，自然發現他人其他的特質，另外是有時「入芝蘭之室，久而不聞其香；入鮑魚之肆，久而不聞其臭。」外表的影響力，會隨著日漸相處而降低。反倒是一些令人愉快的性格特質，例如：幫助、關懷體貼別人的人，不總是責備別人當以及幽默、開朗、負責任

表4-3　台灣地區大學生認為適合於男性和女性的性格特質

男性項目	女性項目
粗獷的	剛強的
個人主義的	偏激的
靠自己的	隨便的
冒險的	冒失的
獨立的	武斷的
浮躁的	有主見的
深沉的	自誇的
競爭的	膽大的
好鬥的	豪放的
穩健的	自立更生的
善謀的	有雄心的
幹練的	頑固的
嚴肅的	主動的
行動像領袖的	粗鹵的
有領導才能的	好支配的
溫暖的	整潔的
敏感的	順從的
純潔的	心細的
伶俐的	動人的
富同情心的	保守的
膽小的	討人喜歡的
文靜的	親切的
愛美的	慈善的
甜密的	溫柔的
被動的	端莊的
文雅的	依賴的
純情的	輕聲細語的
拘謹的	天真的
矜持的	愛小孩的
害羞的	善感的

資料來源：李美枝（1994），《性別角色與性別差異》，275頁。

表4-4　男性、女性、中性項目表

我	他（她）	男性項目	我	他（她）	女性項目	我	他（她）	中性項目
☐	☐	粗獷的	☐	☐	溫暖的	☐	☐	易聽信別人的
☐	☐	剛強的	☐	☐	整潔的	☐	☐	守信的
☐	☐	個人主義的	☐	☐	敏感的	☐	☐	識趣的
☐	☐	偏激的	☐	☐	順從的	☐	☐	機靈的
☐	☐	靠自己的	☐	☐	純潔的	☐	☐	多疑的
☐	☐	隨便的	☐	☐	心細的	☐	☐	負責的
☐	☐	冒險的	☐	☐	伶俐的	☐	☐	健忘的
☐	☐	冒失的	☐	☐	動人的	☐	☐	聰明的
☐	☐	獨立的	☐	☐	富同情心的	☐	☐	讓步的
☐	☐	武斷的	☐	☐	保守的	☐	☐	誠懇的
☐	☐	浮躁的	☐	☐	膽小的	☐	☐	挑剔的
☐	☐	有主見的	☐	☐	討人喜歡的	☐	☐	親熱的
☐	☐	深沉的	☐	☐	文靜的	☐	☐	任性的
☐	☐	自誇的	☐	☐	親切的	☐	☐	可奉承的
☐	☐	競爭的	☐	☐	愛美的	☐	☐	沒有系統的
☐	☐	膽大的	☐	☐	慈善的	☐	☐	靈活的
☐	☐	好鬥的	☐	☐	甜密的	☐	☐	大方的
☐	☐	豪放的	☐	☐	溫柔的	☐	☐	風趣的
☐	☐	穩健的	☐	☐	被動的	☐	☐	理智的
☐	☐	自立更生的	☐	☐	端莊的	☐	☐	愛國的
☐	☐	善謀的	☐	☐	文雅的	☐	☐	和氣的
☐	☐	有雄心的	☐	☐	依賴的	☐	☐	鎮靜的
☐	☐	幹練的	☐	☐	純情的	☐	☐	樂觀的
☐	☐	頑固的	☐	☐	輕聲細語的	☐	☐	成熟的
☐	☐	嚴肅的	☐	☐	拘謹的	☐	☐	幽默的
☐	☐	主動的	☐	☐	天真的	☐	☐	熱情的
☐	☐	行動像領袖的	☐	☐	矜持的	☐	☐	好奇的
☐	☐	粗魯的	☐	☐	愛小孩的	☐	☐	偏心的
☐	☐	有領導才能的	☐	☐	害羞的	☐	☐	空談的
☐	☐	好支配的	☐	☐	善感的	☐	☐	

的人等，都較受人喜愛。

三、兩個人之間特質的配合

在性別間的吸引因素中，內在條件是否能令彼此滿意，分別反映在相似性與互補性兩種運作法則中。

(一) 相似性

「相似性」即類似效果，是兩人感覺彼此內在相似的程度。

空間距離會影響友誼，住在一起的同學比較常往來。交往愈久，彼此之間的態度、價值觀以及人格特質的相似性，變成影響友誼的最重要因素，這些「態度相似」與「喜歡程度」間的正向關係，會影響友誼的維繫。卓紋君、饒夢霞（1998）發現：當事人傾向以興趣、態度或價值觀相近而「物以類聚」，較少有因彼此的弱點相似而互相吸引的情形。

選取相似度高的人可以避免衝突，不會因為一件小事意見相左而產生誤會，甚至於出現排斥（repulsion），當然也會對對方有期待，會希望他能扮演在心目中的某個角色，有時我們不禁懷疑是否有「投射」自我的身影於其中。然而陳皎眉（2004）的看法是：人也會採取「適配原則」（matching principle），找尋與自己在態度、社會背景、人格等方面較為接近的人，作為約會的對象或配偶。

(二)互補性

需求互補（complementary needs）係指雙方各自的需求或期望能從和對方相處中獲得滿足感，或者對方具備可以彌補個人企求不得的特質。

在此提出兩種可能性：需求互補、角色互補。在需求互補中，一方所需要或缺少的，正是另一方所能提供或具備的，可能導致彼此間的吸引，滿足彼此的需求。它的操作假設為：兩人成雙的資源和適應容量（adjustment capacity）是遠超過任何一人單獨的量。

至於角色互補則是因為在社會角色上的功能互補，使得彼此相互契合，所導致的人際吸引形式，這在親密關係中是比較少見的。卓紋君、饒夢霞（1998）發現：較少有情侶是在興趣及價值觀方面互補而彼此吸引，大部分是因對方的才能、特長或個性是自己所欣賞的而被吸引。

活動4-3 你和我是天生一對

◎首先先發下兩張特殊之圖像（最好是幾何圖形，可以由老師製作或者是參考他人之作品亦可）。

1. 成員兩兩配對，將每組的兩人分成A和B。
2. 先由老師發給A一張由幾何圖形所構成的圖畫，B必須背對A，由A用敘說的方式，指導B畫出該張圖，B不能問A任何問題，只能聽。

3. A只能描述圖形的排列位置，不能說出該張圖所代表
的意義或物體。

4. 畫完後讓彼此觀賞一下，再交換角色，由B敘說指導
A畫出該張圖。

5. 最後兩人可以討論一下，進行此活動的感受。

第三節　社會關係與自我形象

Sahlins（1972）提出一個基於社會交換觀點的社會關係分類。Sahlins認為人類社會中存在以下三種交換關係：普遍交換（generalized exchange）、平衡交換（balanced exchange）和消極交換（negative exchange）（張志學，1999）。普遍交換是指人們依照傳統或者為滿足別人的需要而給予別人東西，但不期望別人立即回報或等價回報。平衡交換是指人們給予別人東西後需要立即得到等價的回報，但並不想占別人的便宜，人們只關心等價回報。在進行消極交換過程中，每個人都想戰勝別人。

在這些情況下，如何知覺自我情緒會影響對形象的思考與瞭解。情緒管理是指一個人掌控自己情緒的能力，它包括自我瞭解、自我表達、自我實現、處理心理危機以及同理別人處境的能力等。

一、社會關係對自我形象的影響

　　社會心理學家關注個體對社會關係的知覺。分類可分爲維度觀（dimensional perspective）和類別觀（categorical perspective）兩種。維度觀認爲個體用一些隱含的、連續的維度去表徵各種社會關係，人們在心中將這些關係排列在連續的維度空間上。例如：Mills和Clark區分了共有關係（communal relationship）和交換關係（exchange relationship）。共有關係通常存在於愛情夥伴、家庭成員和親朋好友中間。交往雙方達成一種默契，即關心對方的需要和幸福，並期望與之建立長久的親密關係（張志學，1999）。

　　Triands、Vassiliou和Nassiakou的研究讓受試者評價一些角色行爲的適當性。然後利用因素分析抽出以下要素：情感（affect）、親密（intimacy）、支配（dominance）和敵意（hostility）。他們認爲下述四個普遍維度可以表示所有的人際行爲：(1)聯合與去聯合（association-dissociation）；(2)上級支配與下級服從（superordination-subordination）；(3)親密與形式化（intimacy-formality）；(4)外顯行爲與內隱行爲（overt-covert behavior）（張志學、楊中芳，1999）。

　　受試者的評定結果作因素分析發現了三個基本維度：親密（intimacy）、可見性（visibility）和調節（regulation）。親密維度是指關係中的情感成分，可見性表示某種關係是否允許外人的進入，而調節維度則代表某種角色關係成員能夠順

應他們的活動、時間和地點的程度。

　　楊國樞（1993）認為中國社會的關係可根據人們與關係夥伴之間的遠近分為以下三種：家人、熟人（鄰居、同事、同學）、生人。他還認為，中國人將家人和熟人看作自己人，而將生人當作外人。他們對待自己人和外人的方式有很大的差別。

　　黃光國（1987）提出了一個包括三種人際關係的分類：情感性關係、工具性關係和混合性關係。三種關係在交往雙方的情感性和工具性上不同。好朋友之間，在工具性關係中，雙方交往是為了達到自己目的而非享受關係中的情感，這種關係多數是不穩定的。黃光國所講的情感性關係與工具性關係分別與Mills和Clark（1982）的共有關係與交換關係相似。黃光國認為，在混合性關係中，人們彼此認識並保持一定的情感成分，但情感成分並不像情感性關係中那麼強。如親戚、同事或同學等人之間的關係，都屬於混合性關係。

　　學者莊耀嘉有感於華人學術界缺乏有關角色規範方面系統的實徵研究，從事了一項研究探討華人對角色規範的認知（引自張志學、楊中芳，1999）。

　　研究者分別將三十七張上面寫有不同關係的卡片給受試者，讓他們逐個看每張卡片上面的關係（如**表4-5**）。

　　本研究表明中國成年人用不同的維度去判斷自己與別人形成的社會關係。從各種關係在維度上的座標可以看到，家人、親戚與親密朋友都位於維度的正端，位於維度的另一端的都是一些沒有包含多少情感成分的工作關係或者個人與對

表4-5　中國社會人際關係一覽表

關係代碼	關係名稱	關係代碼	關係名稱
1	我與愛人	20	我與為我提供服務的人
2	我與我的孩子	21	我與請我幫忙的人
3	我與父母	22	我與求我辦事的人
4	我與愛人的父母	23	我與我請其幫忙的人
5	我與兄弟姐妹	24	我與我求其辦事的人
6	我與愛人的兄弟姐妹	25	我與公關對象
7	我與連襟／妯娌	26	我與臨時合作夥伴
8	我與一般親戚	27	我與商業夥伴
9	我與父母的父母	28	我與邂逅相遇者
10	我與鄰居	29	我與忘年交對象
11	我與老鄉	30	我與一般朋友
12	我與一般相識者	31	我與親密朋友
13	我與同學	32	我與鐵哥們／鐵姐們
14	我與老師	33	我與異性朋友
15	我與同事	34	我與情人
16	我與上級	35	我與戀人
17	我與下屬	36	我與單戀我的異性
18	我與工作對象	37	我與我單戀的異性
19	我與有工作往來者		

方只有很淺的關係，維度非常清楚地區分了個人的親近關係和那些比較疏遠的關係。有的包含較高的情感成分；而有些關係中，雙方只維持工作交往，情感的投入很少。這一結果反映出費孝通（1986）所講的「差序格局」。每個中國人都以自己為中心建立一個關係網絡，與自己關係比較近的人就位於關係網絡中比較中央的位置，而與自己關係比較遠的人則位於關係網絡的邊緣。

二、人際關係與自我形象

此乃存於個人內心的人際關係圖譜，它會在個人焦慮不安的狀態下被引出，而造成人際之間的衝突與傷害。

一個人的內在人際關係圖譜是源於其成長家庭中的經驗，其人際關係乃由家庭延伸至外，在此我們可以由下面的例子來作一些思考和討論，並可參看下面的案例討論，來瞭解性格與人際關係的情形。

　　甲例－性格問題：「依賴、無助的我，怎麼辦？」

　　乙例－侵入夫妻親密關係的夢魘：「我再也無法忍受她對我的不禮貌，我不想見到她！」

　　丙例－性生活問題源於情緒障礙：「我永遠也滿足不了太太的性需求！」

　　丁例－中年喪子之痛：「我可愛的孩子為什麼不告而別？」

（教師可以視情況而定來作進一步的探討）。

案例討論

性格與人際關係

　　每個人都有一些慣用的方式來形容不同個性的人，例如：外向／內向；理性／感性；快半拍／慢半拍；樂觀／

悲觀；對人比較有興趣／對事比較有興趣，甚至用可愛的動物來形容不同的個性等。在這裏，我們用人際關係的風格來看性格的趨向。

人際關係的三類風格：

◆親和類——喜歡與人接觸

親和類的人重感情，對別人的感受也較敏銳，也願意和人坦誠相向。在這類性格中最常見的表達方式就是：

1. 助手型：「淑玲是個最好的幫手！」
2. 計劃型：「有先禮在，所有的東西和事情都會安排地井然有序。」
3. 作夢型：「姊姊大概又在房間做她的白日夢了！」

◆孤獨類——喜歡離群獨處

孤獨類的人重思考，以自己認定的方式與人相處，若想不清楚是怎麼回事，就很難與人繼續共處。

1. 觀察型：「弟弟的觀察力很強！」
2. 懷疑型：「金蝶總是不知道想到那裏去了！實在太多心了。」
3. 康樂型：「每次只要曉陽在，大家就會笑得要死！」

◆防禦類——喜歡向人挑戰

防禦類的人重界限，看重個人的領域，也會讓周圍的人感受到自己的權限。

1.護己型：「和阿德說話真辛苦，我們根本沒有怪他的意思，他卻替自己辯護了老半天！」

2.和睦型：「樂平最怕爸媽吵架，他只要感覺氣氛有些不對勁，就會想盡辦法讓爸媽開心。」

3.道德型：「不用去說服姚弟兄了，他是個黑白分明的人。」

與人共舞，必須要先知道所要跳的舞步，和彼此熟悉舞步的程度。親子關係的和諧，也是一樣，需要父母和孩子雙方面，彼此能瞭解對方與人相處的型態。身為父母，又是教練，不但要瞭解孩子，也必須同時訓練孩子能瞭解自己的原則和要求。

焦點論述

如何協助孩子建立自信？

在孩子的成長過程，究竟我們該怎麼做，才能化解孩子的沮喪與壓力，甚至有助於孩子自信心的建立？人的自信是建立在三個方面上，一是對自我的理解與接納，二是環境的善意，三是安全感。其中最根本的就是「對自我的理解與接納」。一個孩子在成長的過程中，究竟是如何形塑自我圖像呢？其中有絕大的部分是來自他自己的探索以及

別人的反應。

　　掙扎於自己的天性跟父母的肯定之間的孩子，常常都是充滿困惑與矛盾的，往往他們都很想照父母的期待去做，但未必都能成功，而這種「做不到父母期待」的挫折，正是挫敗孩子信心跟親子感情的主要關鍵。一是看出孩子的努力，就其努力的過程給予肯定，而對於結果不要在意，這可以鼓勵孩子向大人的人生價值靠近；二是大人先將自己的人生價值放一邊，練習體會充滿學習挫折的小孩會有什麼心理狀態，同理他的感受，讓孩子感到自己的委屈被理解與接納。

名詞解釋

人際交往	接近性	第一印象
觀察—假設—測試—驗證	熟悉性	相似性
互補性	普通交換	平衡交換
消極交換	共有關係	交換關係

作業提示

1. 請依據人際關係構念化的觀點來說明，你自己覺得哪一位學者所說的想法，與你比較相符。

2. 請說明溝通系統的元素有哪些？

3. 請就本章所說的人際關係理論，你覺得哪一個理論比較喜歡，請說明原因。

4. 請說明你是否認同建構人際溝通的條件，請說明原因。

5. 請說明Berne和Satir所指的人際溝通的類型有哪些？

6. 請說明人際溝通的障礙有哪些？（可以舉出平時最容易形成的部分）

7. 請以自己的角度來說明，人際關係對自我的影響為何？

8. 在「性別間吸引因素」中，您覺得有哪些因素會影響您對人際關係的看法？

9. 在社會關係中有哪些因素，會影響您的自我形象？又有哪些因素會影響您對人際關係的看法？

參考書目

李美枝（1994），〈性別角色與兩性差異〉，收錄於國立空中
　　大學《心理學》（修訂版），頁271-290。

卓紋君、饒夢霞（1998），〈台灣人愛情關係的發展與分析──
　　以一百個愛情故事爲例〉，《1998年世界心理衛生與輔導
　　會議論文集》，3:251-3:266。

柯淑敏（2001），《兩性關係學》，台北：揚智文化。

陳皎眉（2004），《人際關係與人際溝通》，台北：雙葉書
　　廊。

黃光國（1987），〈走向知識之路〉，《台灣意識與中國意
　　識：兩結下的沉思》，台北：桂冠圖書。

張志學（1999），〈人情在中國人社會互動中的表現：一項關
　　鍵事件的研究〉，「第三屆華人心理學家學術研討會」論
　　文。中國大陸：北京。

張志學、楊中芳（1999），〈關於人情概念的一項研究〉，收
　　錄於楊中芳主編（2001），《中國人的人際關係、情感與
　　信任：一個人際交往的觀點》，台北：遠流。

費孝通（1986），〈三論中國家庭結構的變動〉，《北京大學
　　學報》，第3期。

楊國樞（1993），〈我們爲什麼要建立中國人的本土心理
　　學〉，《本土心理學研究》，創刊號，1993年10月，頁6-

88。

Devito, J. A.（1994）, *Human Communication: The Basic Course* (6th ed.). New York: Harpercollins College Publishers.

Sahlins, Marshall(1972). ″The Original Affluent Society.″ In *Stone Age Economics,* edited by Marshall Sahlins, pp.1-40. Chicago, Illinois: Aldine Atherton, Inc.

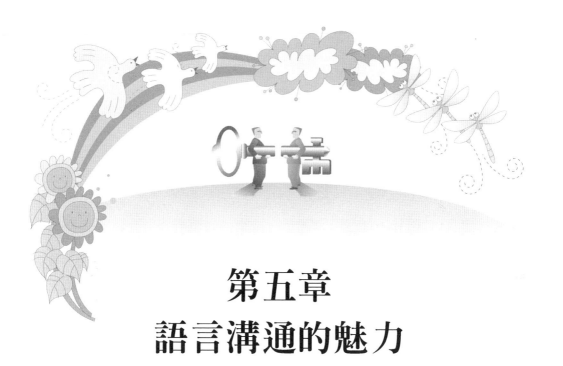

第五章
語言溝通的魅力

摘要

　　人類的溝通中，不外乎語言和非語言的溝通，但有時候我們都太自信於自己的溝通型態，總覺得對方就是應該懂得，但是「人」時常會忘記我們應當利用語言把話「說得更清楚和明白」。

　　本章由溝通的意義層次和重要性開始，再談及語言溝通的特性，最後提及傾聽（listening）的過程和積極傾聽（active listening）的技巧。

一、溝通的意義層次和影響溝通結果的干擾因素

　　溝通的意義包括：

　　1.溝通是共享的社會系統。

　　2.溝通是連續的動態系統。

　　3.語言溝通和非語言溝通是同一系統的兩個部分，同時存在。

　　4.溝通是不可回復的。

　　溝通的過程中，會影響到溝通結果的干擾因素也必須列入考量：

　　1.傳遞訊息者。

　　2.溝通的管道。

　　3.干擾因素。

　　4.訊息接收者。

二、語言溝通的特性

1.相同的話對不同的人有不同的意義。

2.人們常用密碼傳遞訊息，而隱蔽真正的意義。

3.人們常談不重要的事，而不談真正重要的事。

4.說者可能不清楚自己的情緒，或被自己的情緒所蒙蔽，而影響溝通。

5.聽者容易分心。

6.聽者受到過濾器的影響，而扭曲所聽到的訊息。

三、傾聽的過程

包含下列六個階段：傾聽、接收（receiving）、理解（understanding）（選擇與組織）、記憶（remembering）、闡釋與評估（evaluating）、反應（responding）。

四、積極傾聽的技巧

1.積極傾聽的功能：

(1)聽聽他自己——澄清問題。

(2)自己解決問題。

(3)宣洩情緒，淨化情感。

2.積極傾聽的技巧：

(1)注意的技巧（attending skills）：

• 涉入的姿態（a posture of involvement）：R：放鬆，輕鬆的肢體語言；O：開放的態度，表達出願意接納與溝通的意願；L：身體前傾15度；E：眼神接觸，最好是能由眼線到上唇的範圍；S：兩人所坐的距離，大約為一個肘臂的距離，並坐成

　　　　　直角。

- 適當的肢體動作和目光接觸。

- 內心的注意。

- 無干擾的環境。

(2)追隨的技巧（following skills）：

- 開門器（door opener）。

- 基本的鼓勵（minimal encourages）。

- 偶爾的詢問（infrequent questions）。

- 注意的沉默（attentive silence）。

(3)反映的技巧（reflecting skills）：

- 簡述語意。

- 情感反映。

- 意義反映。

3.使用積極傾聽的時機：

(1)針對複雜的問題時。

(2)當對方經驗強烈的感情，或想討論問題的解決方法時。

(3)當對方用一些「密碼」在談話時。

(4)當對方希望理清他的情緒或思想時。

前言

　　人一生中與他人相處的經驗裏，最重要的莫過於語言和

非語言的溝通。而根據資料整理的結果：人們總是偏向抽象化的語言。例如，從以下的一位男士和女友在電話裏的對話可見一斑：

男士：「今天是假日，我們出去玩吧！」

女友：「嗯！你要去那裏？」

男士：「我覺得看電影不錯！」

女友：「噢！你要看那一部？」

男士：「我覺得『長江七號』不錯？」

女友：「可是我比較喜歡看『曼哈頓情緣』。」

男士：「那有什麼好看？都是想像，一點都不真實。」

女友：「你那一部還不是一樣？」

男士：「妳們女生都是這樣？」

女友：「你說什麼？」……

由上面的對話中，我們可以理解，原來是很好的邀請最後卻變成爭執，理由是什麼呢？我們都太自信於自己的溝通型態，總覺得妳就是應該懂得，但是「人」時常會忘記我們應當利用語言把話「說得更清楚和明白」。

第一節　溝通的意義層次與影響溝通結果的干擾因素

一、溝通的意義層次

　　人們在溝通時會有一些意義和層次，例如：在人稱上，常使用「你」，而非我覺得；在權力上，常出現「似是而非」的言論；在情緒上，常有把民族意識和性別置入的情形；在性別上，注重細節是重點；在文化上，「脈絡性」是值得重視的。

　　首先，我們需理解溝通有哪些意義。

(一)溝通是共享的社會系統

　　我們與人溝通，都有個一循環，有如拋接球，總是有對應者，就算是和自己溝通亦然。而且是在這個領域的關係人都會進入這個系統，非唯一單獨存在。例如：

　　母親：「昨日隔壁王媽媽想為妳介紹男朋友。」

　　此即為母親將隔壁王媽媽加入，對女兒的期待放在話裏敘述出來。

(二)溝通是連續的動態系統

在說話拋接球的過程裏，一定是連續性的，否則對話就不完整。例如：

> 父親：「你爲什麼總是追不上別人？對面陳先生的兒子又升遷了，你呢？做了一輩子的基層，有沒有可能當組長。」
>
> 兒子：「老爸，你想太多了，人各有志，我只是還沒有遇到賞識我的長官而已，未來我一定比別人出色，您別擔心。」

此即爲父親與兒子的對話，一定是有順序和層次的回應，才覺得是有被對方聽到，並且是連續性的過程。

(三)語言溝通和非語言溝通是同一系統的兩個部分，同時存在

我們通常與人溝通，不會只有語言敘述，有時會夾雜非語言訊息，例如：在「不願面對的眞相」影片中，高爾是以強烈的手勢，加上專業的術語，才打動人心，喚起大眾對環保的意識。

(四)溝通是不可回復的

說出去的話，有如潑出去的水，無法回收。例如：

女友：「你為什麼總是那麼笨？別人都知道情人節要送花
　　　和巧克力，你總是只有一通電話和一杯咖啡。」

男友：「既然妳不滿意，那我們分手好了！」

女友：「你說什麼？原來在你心目中，我一點都不重
　　　要。」

活動5-1　你「說」我「聽」

　　美國家族治療大師維琴尼亞‧薩提爾曾在《與人接觸》
一書中，提出一首詩〈我的目標〉，敘述如下：

我想要愛你，而不抓住你

感激你，而不評斷

參與你，而不侵犯

邀請你，而不要求

離開你，而不歉疚

批評你，而不責備

並且，幫助你，而不是侮辱

如果我也能從你那邊得到相同的

那麼，我們就會真誠的相會

且，豐潤了我們彼此。

——取材自《與人接觸》，第2頁

1.請同學兩人一組，分享對上述詩句的看法，並寫下
　一句心得。

2.請同學拿出紙來，用「大聲公」的方式，説出那一句心得，聽的同學不能有所批評。

3.交換角色，再説一次。

4.彼此交換剛才過程中的心得和想法。

二、影響溝通結果的干擾因素

訊息傳送的管道，可以分為兩類：一是語言的管道，也就是運用文字，另一是非語言管道，例如眼神、肢體動作等非文字的方式。

在上面活動進行時，我們會發現：「說」與「聽」是溝通的一體兩面。有時我們說太多，會妨礙了「聽」，例如：在用心聽歌曲時，有人在旁邊嬉鬧，你會無法用心享受。

當我們在「聽」與「說」的過程中，受到外在環境、互動者內在因素的干擾時，極有可能會發生阻礙或誤解。這些干擾溝通進行的噪音和因素，通常來自於外在環境干擾、內在因素影響、語意的噪音或者是身體上的障礙。

例如：一對情侶走在公園中，結果因為聽到他人夫妻爭吵的對話，也有可能發生下面的情形：

女友：「你聽他們為了孩子的教育費在爭吵，我真希望我們以後不要這樣。」

男友：「那要看以後錢賺得多不多？妳計不計較來決
　　　定。」

女友：「你的意思是說，『我是一個小氣的人』。」

男友：「我又沒這樣說。」

女友：「可是你剛才的意思就是這樣。」

　　　（此時有小孩的哭鬧聲傳來）

男友：「我……」

女友：「我覺得你太侮辱人了，我不想再說下去了。」

女友轉頭就走，男友並沒有機會再解釋……

　　這是我們常見情侶的爭執和分手的由來，許多人在溝通
時，總是選擇不適宜的情境或干擾太多的情況下進行，也因
而會容易出現溝通不一致的情形，而心口不如一，可能也會
造成更大的傷害。

　　在溝通的過程中，有許多的干擾因素會影響到有效的溝
通，而且在對訊息解釋的過程中，自我扮演著重要的角色，
因此，兩人溝通的互動模式可以修正爲**圖5-1**。

　　該溝通模式包含兩位溝通者（一人是傳遞訊息者，另一
人是訊息接收者）、溝通的訊息以及溝通的管道，然而在溝通
的過程中，會影響到溝通結果的干擾因素也必須列入考量：

1. 傳遞訊息者：爲了使對方瞭解所傳遞的訊息，所以在
　　傳遞時必須先編碼，也就是傳遞訊息者將訊息轉換成
　　他認爲對方可以瞭解的符號過程，如此，才有可能將
　　訊息經由適當的溝通管道傳給對方。

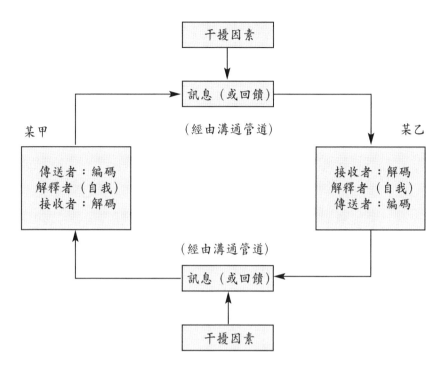

圖5-1　兩人間的動態溝通模式

2. 溝通的管道：包括了符號語言、肢體語言與副語言等內涵。符號語言之文字不但具有明確意義的外延性（denotation），也可能有隱含意義的內涵性（connotation）；句子或片語則有傳達特定訊息而以某些順序排的字所組成的語法（locution），也可能有傳遞某種意圖的意涵（illocution）。肢體語言與副語言留待下一章討論。

溝通的管道是結合了多種管道，然而研究顯示，人們依賴臉部線索的程度遠大於口語線索或口語訊息本身。

3. 干擾因素：干擾因素包含物理因素（如噪音、高溫或低冷、空氣不佳、氣味不好等）、心理因素（如正面或負面情緒或個人之偏見）及文化因素（如文化刻板化印象、價值體系、不同文化背景、語言意義及流行風尚等）。

4. 訊息接收者：為了瞭解對方所傳遞的訊息，訊息接收者在收到對方之訊息時必須先解碼，也就是訊息接收者知覺對方所傳送到的訊息，並加以解釋及評估的過程，此時，訊息接收者在解碼的過程中也就成為訊息的解釋者，個人的文化背景、自我與歸因方式也就發揮了作用。

Beck根據**圖5-1**提出九點建立良好人際溝通所必須注意的原則：

1. 確定所傳出的訊息以清楚地編碼，讓接收者可適當地解碼。
2. 確定訊息的接收者已注意到你所傳達的訊息。
3. 訊息傳遞過程中避免遭受過多的「干擾因素」。
4. 避免訊息太多或過重。
5. 如果可能的話，可重複傳送訊息。
6. 如果可行，應盡可能得到回饋。
7. 溝通時態度應盡可能地開放與誠實。
8. 注意傳遞訊息中的情緒涵義。
9. 成為一個良好的傾聽者。

影響人一生的影片

「悲憐上帝的女兒」(*Children of a Lesser God*)

◎劇情簡介

　　詹姆斯‧李斯到一所聾啞學校任教，他極富理想化，在特殊設計的課程中總能誘導學生讀唇語，甚至開口說話。而當他第一次見到二十五歲的莎拉時，她正憤怒地在廚房摔東西，並用手語罵廚師。因她從小就讀學校後，就一直留在學校工作。而詹姆斯相信可以引領莎拉嘗試以唇溝通甚至開口說話，沒想到莎拉不但不領情，反而冷漠以對。校長雖然認為詹姆斯是痴人作夢，但還是主動將莎拉帶至詹姆斯的辦公室，惟兩人依然沒有交集。

　　詹姆斯遂邀請莎拉外出晚餐，莎拉原本猶豫，但最終還是答應了。在餐廳中莎拉表示她可以用「鼻子」隨音樂跳舞，最後還與詹姆斯相擁而舞。但莎拉依然堅持不學唇語。詹姆斯覺得莎拉似乎在隱瞞什麼、懼怕什麼，在被逼迫下，莎拉終於道出她在家時，因發出的聲音極為難聽，而遭到嘲笑，此後她便拒絕發聲。而她對外的接觸竟然是不發聲不講話地與任何男孩做愛，而後男孩竟然連做愛前買一瓶可樂給她喝都不肯，這使得莎拉更加沮喪也更加隱藏自己。

　　這個晚上，莎拉一人在泳池中裸泳，詹姆斯竟然來池邊向她表示他愛她，甚至毫不猶豫地躍入水中。原本以為道出過去往事後，詹姆斯不會再理她的莎拉，沒想到對方竟會如此真情地對待她，兩人感情如漆似膠。

　　詹姆斯要求莎拉辭掉工作，並與他同居。這期間詹姆斯還教她如何打橋牌，沒想到在校長的家庭聚會中莎拉竟大贏校長的錢；但在另一次的聚會中，莎拉遇上了一名擁有兩個學位的女聾啞學校經濟學博士，這使得莎拉似乎感覺到自己缺少了什麼而沮喪不已。另一方面，詹姆斯讓班上的同學竟能在學校的成果展示中高興地舞蹈與歌唱，這使得詹姆斯一再對莎拉步步近逼，因他相信她一定可以發聲。沒想到激動地發出怪聲的莎拉痛苦地逃回母親家中。

　　詹姆斯到莎拉家中探視，在其母指點下，他在一家美容院見莎拉為人修指甲，意圖賺錢念大學，詹姆斯沒有打擾她就離去了，但莎拉反而覺得孤獨，於是她主動在畢業典禮中回來找詹姆斯。

◎賞析

　　改編自百老匯知名的舞台劇的「悲憐上帝的女兒」，其實應該稱為「無聲之愛」，是上世紀八○年代最受讚譽的電影，不但入圍奧斯卡金像獎五項大獎提名，女主角瑪莉‧麥特琳更以手語詮釋獲得奧斯卡最佳女主角。

　　詹姆斯是一名有理想的老師，他可以運用各種有趣的方式或音樂來誘導聾啞學生開始發音，這是必須具有高度熱忱與奉獻的態度才能在如此困境中獲得成果。

　　本片迥異於其他類同的影片在於探索聾啞世界中另一番天地，而在兩相交集後，反而給了一種「不是無聲，也非有聲」的另類詮釋。更將視覺焦點導入這樣的心靈位階與哲學態度，就使得本片呈現了強而有力並展現了厚度的心靈電影。

參考資料 http://blog.yam.com/hero.h/archives/ 645351.html

　　由上述的影片中，我們感受到與人眞正的「相知相遇」莫過於「接觸」。而構成眞實的接觸就是「溝通」。

　　誠如一句名言：「溝通對於建立人際關係就好像呼吸對於維持生命般……」

　　溝通對於我們而言，是如此重要，我們必須在成長過程中，察覺到自己內在的感覺和溝通型態，才能學習與自我眞正的相遇，也才能與他人好好地溝通。

第二節　語言溝通的特性

　　語言溝通帶來便利，但是也帶來了一些誤解，最常出現即在日常生活中，例如：「你總是扭曲我的意思。」而不是說：「你剛才誤會我的意思，令我很難過。」

　　人們總是因爲未能察覺到自我內在的聲音，而不自覺地使用方便的口語表達，卻忽略了可能流於陳腔濫調，而把人搞得愈來愈糊塗，反而不知所措。

夫：「我們最近的生活愈來愈無趣。」

妻：「妳這是什麼意思？」

夫：「我們過去總會在情人節一起出外用餐，在特殊的假日裏，有各種活動，可是近來卻愈來愈少有這種心情了。」

妻：「我們昨日不是才去逛街，而且過兩天我們還要參加小莉的生日宴會，這些地方都會遇到一些朋友，應該

　　　　會很開心。」

夫：「我不是這個意思，我是說有些不一樣的感覺啦！」

妻：「像是什麼？去高空彈跳，還是要去大峽谷。」

夫：「唉！我是說我們的日子已經是一種慣性，可以有些
　　　　不一樣的變化。」

妻：「我還是不知道你到底想要什麼？」

　　你會發現在上面的例子，先生說了半天，妻子還是不知
道丈夫要什麼？如果我們可以使用行為式描述，就會比較能
清楚表達意見，也可以有比較順暢的溝通。

夫：「我們最近的生活已經是一種慣性，我想我們假日可
　　　　以一起去郊外踏青，一方面散心，一方面再想想未來
　　　　的方向。」

妻：「你的意思是我們應該可以好好規劃未來了。」

　　陳皎眉（2004）曾提出人際間語言溝通的六大特性，筆
者加以舉例詮釋如下：

一、相同的話對不同的人有不同的意義

　　在口語或書寫所使用的文字本身，因為各人的背景、認
知、價值觀都不同，在解讀他人語言時，也會有不同的意
義，可能有文字表面的意義（外衍意義），例如：上面例子
中，先生所說：「我想我們假日可以一起去郊外踏青，一方

面散心，一方面再想想未來的方向。」又或者老闆在尾牙的時候說：「大家辛苦了一年，每個人年終都可以領到四個月的年終獎金。」這些都是令人容易理解且興奮的例子。

如果是內涵意義：指文字表面字義之外，另外所蘊含隱示的意義，我們稱為「弦外之音」，就需要有人能適度的理解。例如：「我們最近的生活愈來愈無趣。」又或者老師說：「各位同學，你們都知道清明節時，應該要如何，就請大家自動自發了。」有人猜是要祭祖，有人猜是要寫作業，有人猜是要期中考，弄了半天，同學們還是不知道要如何？因此，即使相同的話，不同的人也會產生不同的文字內涵意義，而引發不同的感覺與評價。

二、人們常用密碼傳遞訊息，而隱蔽真正的意義

有些人擔心自己一旦表達出真正的想法或意思時，可能會引起他人的反感或排斥，因此以一些「密碼」來代替原來的想法。例如：

甲同學說：「我覺得『星光二班』的表現還算可以。」
（其實內心比較支持一班）

乙同學說：「就是說呀！那個某人都是靠跳舞來加分，一點都唱得不好。」

丙同學說：「唉呀！我們又不會唱，管那麼多做什麼？」
（其實內心也不喜歡二班，卻怕被別人糾舉）

　　從以上的例子來看，甲同學和丙同學都因爲害怕，而不敢大聲地表達意見，反而用轉移話題，或者是密碼來傳遞，以掩飾缺點，或者是避免糾紛。

　　然而，每個人若都是堅持「自己所建構的密碼」，因爲別人不是你肚中的蛔蟲，自然未必能夠完全正確解讀，因此才會有溝通困難的情形發生。

三、人們常談不重要的事，而不談真正重要的事

　　有時人們因爲擔心表達出重要的事情後，會遭到拒絕，而感到尷尬、或自尊受損，使得我們常常出現「言不及義」的不良溝通情形。例如：

　　男友：「妳到底怎麼了？爲何都不說話呢？」（心裏想：天啊！她看起來好生氣，一定是我做錯了什麼？）

　　女友：「沒什麼啦！」（眼睛瞪著男友）（心裏想：氣死人了，他一點也不關心我，要不然就會知道我在想什麼？）

　　男友：「妳要不要說說看到底怎麼了？」（心裏想：我的老天啊！情況愈來愈複雜了，她一直都不說話，我要怎麼做，才能讓她不再瞪著我呢！）

　　女友：「唉！眞的沒什麼啦！」（眼睛放棄似地回到自己身上）（心裏想：眞是呆頭鵝，並不是你做錯什麼，只是希望你瞭解我在想什麼，我實在很討厭這

樣的自己。）

這真是個無言的結局，因為男方自始至終都不知道女方
要什麼？但是女方卻一直都很想要男方理解，因而出現了這
種類似「談天氣」或「說風景」的話題。

四、說者可能不清楚自己的情緒，或被自己的 情緒所蒙蔽，而影響溝通

情緒性的語言表面上是在敘述某件事，但事實上卻表達
了對此事的態度，因而影響著我們與人際間的溝通。例如：

> 當你認同某些人的演說時，你會說：「他體察民情，堅持
> 己見。」但是不認同時，就會說：「自大傲慢、矯揉造
> 作。」

二〇〇八年最引人震撼的事，莫過於美國的總統大選，
而在民主黨內部選舉之「超級星期二」來臨前，大家的看法
是：「歐巴馬是黑人，但是他有甘迺迪的靈魂，引起許多年
輕人對政治的熱情。」；而對另外的支持者看法是：「希拉
蕊的政見清晰，經驗豐富，幫助柯林頓度過許多難關。」

你們有沒有發現上面的例子中，大家都參與了許多情緒
性的語言和字眼，原本兩人各有優缺點，但是當一個人處於
強烈的情緒狀態，卻又無法自我覺察時，將明顯地出現語言
極端化的現象，而造成雙方關係急遽的惡化。很有可能會出

現的情形是：家中成員各有支持者，彼此看對方都是帶著有色的眼鏡，而忽略了它只是一場選舉，代表的是「人民的聲音」。如同台灣的立委和總統選舉般，情緒化的語言淹沒了太多人民的需要，而且總是令人看不清楚。

五、聽者容易分心

聽者因為「分心」，漏聽了對方的談話，以至於無法正確解讀對方的訊息，而造成溝通上的困難或誤解，更可能引起說話者的不悅，而不願再繼續說下去，使雙方的溝通因而中斷。例如：

母親：「你到台北會很冷，要注意身體，我會很擔心。」
（孩子一邊聽著i-Pod，一邊收拾行囊）
孩子：「妳說什麼？聽不清楚。」

學會聽清楚他人的話不容易，更何況是要聽懂後再回應。人們的思考速度，遠快於他人說話的速度，因此當別人說話時，我們的腦海中，有許多「空閒的時間」可以做「別」的事，反而導致注意力不集中，漏失了他人所傳遞的訊息。

六、聽者受到過濾器的影響，而扭曲所聽到的訊息

溝通進行的時候，聽者會使用「過濾器」，來篩選符合聽

者本身的預期訊息，以及淘汰或扭曲不符合預期的資訊。

我們有時在指稱代名詞，或者是權力的語言敘述上可以看得出來。例如：

朋友如果問：「我們到底約幾點去吃飯？」

而你還在等你的女友時，會出現這樣的對話：

「你這個問題問得好。因爲我也不知道。」

在權力的語言敘述亦然，由以下的對話可以知道，例如：有學生對於遲到想找藉口，就對老師說：

「老師，對不起，我不是有意遲到的，但是……我眞的努力過了，就是鬧鐘叫不醒，同學也棄我而去，所以……」

如果你是老師，你會怎麼回應呢？如果我們改變一下剛才的說法呢？

「老師，對不起，我遲到了，我眞的努力過了，各種方法都試過，就是沒有辦法趕上，我明日一定不會再遲到了。」

如果你是老師，你又會怎麼回應呢？

這種因爲個人內在態度、期許、成見、刻板印象等因素，過濾和扭曲聽者所接收的訊息，自然使聽者無法眞正瞭解說者的意思，達到溝通的效果。

活動5-2　眼與眼的接觸（eyes to eyes contact）

首先，先把眼睛閉起來冥想，想想自己從早上開始做了哪些事，又有哪些人與自己接觸過，又說了哪些話，這些都對自己產生了什麼影響？

第二，請打開雙眼，用眼神與周遭的人接觸，找到與你眼神接觸者，走向他，並在他面前站立幾分鐘。

第三，請用眼神來與對方交流，注視對方幾分鐘。

第四，請細心體會你感受到什麼？想告訴對方什麼？請用眼神釋出你的想法。

第五，與對方坐下來，好好說一下，你剛才感覺到什麼？看到什麼？又想到什麼？

第六，最後回到大團體中來分享。

第三節　積極傾聽的過程與技巧

「聽」是我們生活中，相當重要的部分，依據調查結果：大學生的溝通型態中，平均有14％的時間花在書寫，有16％的時間花在說話，有17％的時間花在閱讀，有53％的時間花在傾聽。

然而「傾聽」與「積極傾聽」卻有不同，如果我們學習

小狗般,把耳朵貼在地板上,將會發現可以聽到比現在更遠的地方所傳來的聲響。

　　傾聽就是能專注地聽對方所說的話,不但聽到語言上的意思也注意到語調的高低、速度快慢所帶來的情緒,進而能聽出更深層的意涵。

　　積極傾聽則是指將對方訊息收進來後,還能透過語言與非語言訊息正確反應,讓對方知覺到。以下我們針對傾聽的過程與積極傾聽的技巧來做說明。

一、傾聽的過程

　　筆者參考DeVito(1994),游梓翔、劉文英和廖婉如(2002)及自己的經驗,提出傾聽包含了下列六個階段(如圖5-2):

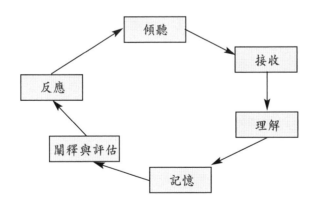

圖5-2　傾聽的六個階段

(一)傾聽

當我們用心傾聽時，會專注投入，並將心比心、設身處地為人著想，這些專注的態度、凝視的眼神和表達對話內容感到興趣的行為表現，都是傾聽過程的基礎，亦即達到有效傾聽的第一步。

(二)接收

傾聽的第二個階段是接收訊息，也就是經由感覺器官接收外界的刺激，不僅包含接收對方傳達的口語內容，同時也包含注意對方的非語言訊息。例如，甲同學說：「我很難過。」同時，聲音小、速度慢、眼眶中有淚，雙手緊握，此時你所注意到的是哪些部分？

1. 你注意到他說了什麼以及沒說什麼。
2. 避免受周遭的環境或其他因素干擾。
3. 注意到對方的感覺，還是你的解讀及想法。
4. 避免打斷說話者的談話。

你可以思考一下，自己是否都能注意到這些部分。

(三)理解

傾聽的第三個階段是理解訊息，我們稱為「選擇與組織」我們所聽到的材料，也就是瞭解對方傳遞訊息的意義。除了必須注意對方所表達的意見和想法之外，也必須瞭解對方言

談時的情緒狀態。

首先，我們要瞭解自己對訊息接收的偏好，如果聲量大、高亢的刺激內容是否比較容易接受；第二，當我們已準備好要接收這些訊息時，大腦就已經準備好接收這些刺激；第三，我們會提取過去的印象與經驗，對已接收到的訊息進行選擇與組織，這會有助於我們判斷，該如何回應他人之語言。

如果是上面的例子，你將注意到什麼？

1. 避免假設對方接下來要說的話。
2. 將說話者所給予的新訊息跟你已知的知識連結。（避免過於武斷）
3. 由說話者的立場瞭解他（她）所說的訊息，並避免太早給予判斷性評價。（避免說：「你的難過我都知道，因為我是過來人。」）
4. 在需要時，提出問題，以得到澄清或進一步的資料。（可以說：「你有沒有向其他人說過？」）
5. 用自己的話將說話者所表達的意思複述一次。（可以說：「你是說因為被暗戀的人，拒絕了表白，而感到又難過又尷尬。」）

但是要注意：不要過度解讀他人的表達，否則會有反效果。

(四)記憶

傾聽的第四個階段是記憶訊息，亦即將我們所接收與理解的訊息，停留在腦海中一段時間。人們的記憶，並不是訊息的完全複製品（reproduction），我們的記憶不可能像錄影帶一樣重複一次，而是以自己的方式重新建構（reconstruct）所接收到的訊息。例如：

> 說話者可能說：「我說太多話了，真希望能多些建設性的話。」我們可能會說成：「我太多話了，以至於別人都不重視。」

在此階段中，我們應該要注意的是：

1. 瞭解說話者內容的主要想法。
2. 用較簡單的方式摘要說話的內容，但避免忽略一些重要細節。
3. 自己複誦一些名字與關鍵概念。

我們也可以使用「重新建構」的技巧，來鑲嵌於句子中，讓這句話變成更具生命力。我們可以將其改變成：

> 「你覺得太多話了，以至於讓別人沒有時間說話，但是很希望有其他的方式可以與別人有更多的互動。」

(五)闡釋與評估

　　傾聽的第五個階段是闡釋與評估，亦即判斷說者內心的意圖。在此闡釋的最高原則，仍是同理心所提之「將心比心」。人們除了必須理解、記憶說者所傳遞訊息的表面意義之外，也必須進一步推測這些訊息的潛藏意義，亦即要聽出「弦外之音」。

　　在這個階段，我們要注意的是：

1. 不要評價，直到完全瞭解說話者的想法立場。
2. 傾聽者願意將可能不贊成的論點提出問題，讓對方有澄清的機會。
3. 區辨說話者所說的是事實，還是個人的推論、觀點或解釋。
4. 找出可能使說話者偏頗的因素，像是偏見、自我保護等。

(六)反應

　　反應是傾聽過程中十分重要的一個階段。也是將對說話者所感知的部分，透過語言或者非語言訊息傳達出來的部分。

　　在此階段中，我們要注意的是：

1. 在說話者談完不同的觀點後，支持說話者在立場上的變動。

2. 在最後表達對說話者的支持。

3. 對說話者給予誠實的反應，即使你的觀點並不支持他。

4. 拒絕以「解決問題」的態度來做反應，重點是鼓勵對方表達，或者幫助對方釐清自己的感受，並表達支持的態度。

如果我們綜合上述之看法，會出現以下的對話：

說話者：「我說太多話了，真希望能多些建設性的話。」

我們在接收訊息時，也注意到說話者非語言的訊息，發現對方雙手手指緊扣，表情有些緊張；接著我們在理解時，覺得說話者沒有讓他人說話的空間，自己有些遺憾；在記憶訊息時，我們整理了之前的訊息，結果發現：說話者希望有不同的方式來表達意見；在闡釋與評估訊息後，更加確定說話者是希望能與別人有更多的互動。於是我們會在最後反應階段，說出以下的話語：

「你覺得太多話了，以至於讓別人沒有時間說話，但是很希望有其他的方式可以與別人有更多的互動。」

焦點議題

人生是什麼？

　　談戀愛好嗎？一定要上學嗎？幸福是什麼呢？為什麼人生會有痛苦呢？孩子從小就會提出這些問題，直到長大，在生活中我們也不斷地思考這些問題，可是你從來沒有發現……這些都是哲學！

　　由法國Nathan出版社企劃，邀請當代繪本名家設計，不論在文字內容或視覺設計上都呈現絕佳的創意。你會發現書中所討論的概念，都是以「一問多答」的方式進行。目的是希望孩子透過反覆辯證的思考練習，和自己進行邏輯性的對話，找到「自己的」答案。在閱讀的過程中，先別急著回答，因為每個問題都提供了六個可能的思考方向，你可以自由選擇，換個角度想想，或者是化身為不同的角色，設想各種可能的答案，一旦開始加入「思考」這場遊戲，你會發現，對事情的看法將變得更有創意與想像力！

　　如果我們能認真思考「人生是什麼？」

　　如果我們能昨日不多說那句話就好了？

　　如果——

　　人生總有太多的「如果」，

　　如果我們都能很清楚，是不是太沒有樂趣呢？

　　如果我們都能活在當下，是否會快樂呢？

「如果」，這就是人生的答案呢？！

而你的答案又是什麼？

二、積極傾聽的技巧

(一)積極傾聽的功能

筆者整理學者們的看法，發現積極傾聽的功能如下：

■聽聽他自己──澄清問題

我們積極傾聽可以幫助對方理解自己內在的聲音，有時語言也是有能量的，這樣可以透過聽者的協助，瞭解自己的問題所在。例如：人們常會使用的語言是「我覺得你某部分很好，但是……」，就算是我們在看許多選秀節目時，評審也會出現類似的語言：

「我認為你的表演很好，但是在……」

這些都會造成他人的不舒坦、不安及一大堆的困惑，倒不如一句誠懇的話語：

「小玉，我與妳接觸這麼久的時間，發現妳不太瞭解自己，我對於妳剛才的『笑』也是難以理解的。」

■自己解決問題

　　積極傾聽常會帶給我們一些嶄新的想法，甚至於會出現可以自我解決問題的機會，重點在於自己終於又找到新的資源和契機，相互連結而產生新的力量。例如：有人會使用概括性的字眼來看待一切，太過輕率，反而造成自己難以解決的困擾。

　　「小華，你總是要令人生氣。」

　　而事實上，你想說：

　　「小華，你現在這種表現，讓我有些生氣。」

■宣洩情緒，淨化情感

　　積極傾聽可以協助我們思考這些困擾我們的教條，讓我們得以改變說話，重新架構我們對問題的看法，但先決條件是我們已經宣洩情緒了。

(二)積極傾聽的技巧

　　關於積極傾聽的技巧，包括注意的技巧、追隨的技巧和反映的技巧。筆者整理學者們的看法，以下將舉例說明之。

　　首先，要注意運用好的「傾聽」技巧，接著要懂得運用「同理心」的語言，可由注意的技巧來做起，以下舉例說明。

■注意的技巧

• 涉入的姿態

我們必須保持放鬆而靈敏（relaxed alertness）的身體姿態。可以由生理專注的技巧來加以瞭解，Egan（1986）提出「ROLES」是可以作爲指標的檢視：

R：放鬆，輕鬆的肢體語言，但並非隨便。

O：開放的態度，表達出願意接納與溝通的意願，雙手抱胸或者眼睛斜視代表著拒絕，但是肩膀放鬆，雙手自然下垂是願意接受對方。

L：通常談到重點或者是關鍵，我們身體自然前傾15度，這是傳遞「我瞭解你的意思……」或者是「我也深有同感……」、「瞭解你所說的一切……」，如果身體縮在椅子裏，則會保持很遠的距離，在告訴對方，對他所說的不感興趣。

E：眼神接觸，最好是能由眼線到上唇的範圍，如果我們在聽他人說話時眼光游移，對方會覺得我們不想聽，顯得不耐煩。

S：兩人所坐的距離，大約爲一個肘臂的距離，並坐成直角（90度），要全神貫注，但是又不能太尷尬，所以大約45度即可。如此可以讓兩人距離接近且中肯。

• 適當的肢體動作和目光接觸

當對方說話時，我們給予適當的肢體反映。

• 內心的注意

就是聽者用心思考、感受對方傳遞的訊息，這更能顯示我們的專注程度。

- 無干擾的環境

一位良好的傾聽者，必須盡量排除環境的噪音。

■追隨的技巧

追隨的技巧最主要的目的，是讓講者以自己的方式表達內心的想法感受，使得聽者能夠更加瞭解講者如何看待自己所處的情境。

我們也可以利用這些技巧，來幫助我們做心理專注，並學會更具體有效地表達，和多鼓勵、讚美，我們可以利用以下的技巧來做練習：

- 開門器

所謂開門器是以非強迫性的方法，邀請對方開口說話，例如：

你看到同學臉色不好，你可能會熱心的詢問：「你怎麼了？」

對方可能的回應是：「我今日要考的英文小考，還沒有念完。」

你接著會有什麼回應呢？

但是開門器有時可能不管用，因為對方仍然不願意談論有關自己的事。此時，我們應該尊重他人的意願，而不要強迫對方必須開口。不必一直要求對方，要懂得相互尊重。例

如：

父親：「你到底怎麼回事？不說話也不念書。」

孩子：「……」

父親：「我真是對牛彈琴，白搭了。」

如果是這樣的父親對話，你會想說話嗎？

• 基本的鼓勵

所謂基本的鼓勵，是運用一些簡單的反映，例如：口語的「嗯！」「喔？」「然後呢？」來鼓勵和促使講者繼續說下去。

聽者要盡量少說，避免導引談話的方向，讓說話者的思緒不致被打斷，而能暢所欲言。例如：

小君：「我昨日和男友通電話，他一點都不體諒我，還一副不在乎的樣子。」

小敏：「我想妳一定很難過吧！」

小君：「就是呀！他還說……」

因為有鼓勵和同理，讓說話者有繼續說下去的興趣。

• 偶爾的詢問

當我們遇到說話者所說的話，令我們感到疑問或論點不同時，偶爾也可以問一些問題，讓對方繼續說下去。例如：

甲先生：「我真不知道是怎麼回事，昨天老闆召見，問的第一個問題，我就答錯，真不知道以後怎麼

辦？」

乙先生：「噢！你昨日後來有向老闆道歉，又重新更正問
　　　　　題了嗎？」

當我們傾聽別人說話時，不要詢問過多問題，即使要提
出問題，也必須是開放性的問題，而且一次只能問一個問
題，不要造成對方思考的困擾或中斷。

● 注意的沉默

沉默是聽者首先必須學習的技巧，有時「沉默」是在顯
示某些情形，而「注意的沉默」可能代表著，說話者現在咀
嚼你所反應的話語，或者是正不知道該如何去描述接下來的
情形，也可能是覺得無法說下去了，所以我們一方面要注意
對方是有難以啟齒的困境，另一方面則要注意對方的肢體語
言，由其中觀察對方所流露出的訊息。但是沉默的時間不能
太久，平時一至二分鐘的沉默，是可以接受的。

■反映的技巧

當我們傾聽對方說話時，應適時地給予對方反映性的反
應（reflective responses）。

● 簡述語意

聽者將自己所聽到的對方說話之內容，以自己的方式或
字彙，簡潔地重述說話者主要的意思，以確定自己接收和理
解的意義，正是對方所欲傳達的意思。例如：

甲女士：「我不知道是不是該做全職母親，還是職業婦

女，我很想生個孩子，但是我的工作壓力很大，現在又在進修研究所，可是再不生就年紀太大了。如果辭去工作，我會覺得很可惜。而且我也比較喜歡工作，它很有挑戰性，也很有趣，待遇也不錯，現在我很混沌，我先生也不確定該怎麼辦？」

當我們複述他人的意思時，用字必須盡量精簡，避免使用冗長的陳述，阻礙了說話者的思路。於是乙女士的回應可能是：

「聽起來妳有多重的壓力和負擔，但是妳又很喜歡妳的工作，但有時又想做個不錯的母親。」

不過必須注意簡述語意時要保持客觀的描述（objective description），避免引導對方談話的主題與方向。

如果加入過多自己的主觀意見和看法，就是不適宜的簡述語意。如果乙女士的回應改成是：

「聽起來妳有多重的壓力和負擔，但是妳又想同時兼顧工作和家庭，而且先生也不太支持，妳又有高齡產婦的隱憂，天啊！」

這樣的對話就會令人洩氣了。

• 情感反映

情感反映對方已經傳達或隱含的情緒狀態，除了簡要地

複述對方的內容之外，我們也必須表達對於講者感情的理解。讓說話者可以透過反映「看到」自己，亦即將對方的意思和情感，以他能接受的方式恰如其分的「鏡照」回來。例如：「從你的敘述中，你似乎……」、「聽起來你好像覺得……」「你是不是覺得……」等用語來陳述。另外，絕不能加入太多個人的臆測或者是經驗。例如：

甲女士：「我以為到了這個年紀時，我一定已經有固定的男朋友了。誰知道，一直到現在都沒有找到Mr. Right。」

乙女士：「這聽起來實在是很令人灰心啊！」

丙女士：「我覺得現在的男人都不可靠，還是靠自己最好。」

你覺得以上的對話，誰比較能夠同理和反映到甲女士的情緒呢？

王先生：「我這次公司的績效獎金少得可憐，枉費我又犧牲假期加班，又賣命。」

乙先生：「我也不好過，老闆以為我們都是機器呀！真是××○○」

丙先生：「這件事聽起來真得很令人氣餒，不過老闆的眼睛本來就不亮。」

丁先生：「績效獎金確實不能代表什麼？事情本來就有好有壞。」

戊先生：「看來你們心情真得很不好，這件事似乎有欠公平性。」

你覺得以上的對話，誰比較能夠同理和反映到甲先生的情緒呢？

正如同簡述語意能夠讓我們檢驗講者談話內容的知覺（perception）一樣，反映對方的情感，也可以檢視我們對於他人情緒的知覺，以及提供說話者更深入觀察他們自己內在喜、怒、哀、樂各種情緒的機會。

• 意義反映

當我們同時反映內容與情感時，就是在做意義反映。它通常是最有效的反映方式。例如：

小芹：「真討厭！我的上司一直都在偷看我在做什麼，他是不是沒事做了。」

小甫：「妳覺得很生氣，因為他不尊重妳的隱私權？」

初學時可以用你覺得（感覺的字眼），因為（與此感覺有關的事件或內容）的句子來做練習，這也是「同理心」中之最初練習的反應。

活動5-3　意義反映與同理心

　　請練習將剛才學習到之意義反映的例子，應用於同理心的技巧上。

　　範例一：

　　社團評鑑就快到了，但是負責的小薰卻一點都不緊張，資料也沒有準備好，這看在社長小誠的眼中，實在是焦急到不行，他很好奇，為何小薰一點也不急，他很想好好地問一下小薰，他該如何表達他的擔心，卻又不給小薰帶來壓力呢？請完成下列語句：

我覺得＿＿＿＿＿＿＿＿＿＿，因為 ＿＿＿＿＿＿＿＿＿＿

＿＿＿＿＿＿＿＿＿＿＿＿＿＿＿＿＿＿＿＿。

如果小誠想請他的好友小榆去問，那又該如何向小榆說明呢？

因為 ＿＿＿＿＿＿＿＿＿＿＿，令我覺得＿＿＿＿＿＿＿＿，

因而 ＿＿＿＿＿＿＿＿＿＿＿＿＿＿＿＿。

　　當我們能純熟運用這個字句時，就可以自由變化，只要意思一致即可。

　　例如：小誠和小君是一對情侶，但在某次約會時，卻出現女友爽約的情形——

　　小榆：「你對女朋友的失約，很不高興？」

　　小薰：「你感到很喪氣，因為約會好像不順利。」

你覺得何者做了意義反映呢？

小誠：「我不知道問題出在哪？我又不笨，我總是帶她到
　　　最好的地方，並且極其小心伺候著，但是她就是不
　　　理我，還爽約，唉！」

小榆：「也就是說，你已盡力去做，表現紳士風度，但還
　　　是沒有用。」

小薰：「你不用感到太喪氣，或許你今日有機會可以更
　　　正。」

你覺得何者做了情感反映呢？

小誠：「可不是嗎？我很想表現得好，所以非常小心，我
　　　想我有時變得不太自然。每次失敗後，下次我就更
　　　緊張，變成惡性循環。」

小榆：「就是因為你太緊張了，所以才會壞事。」

小薰：「所以你認為太緊張而壞事，你擔心做不好而使對
　　　方留下壞印象，因此極力表現，卻反而使對方不喜
　　　歡。」

你覺得何者做了簡述語意呢？

如果你能運用以上三大類技巧，於一位「目睹暴力發生
而受驚」的婦女，你會如何做呢？請動手拿起筆來試試看。

三、使用積極傾聽的時機

(一)針對複雜的問題時

當我們遇到朋友或者是同學的問題是無法一時解決，或者無法在一、二句話中就可以處理時，就會採取這些技巧。例如：遇到難以應付的老闆時，

「為何你總是做不好事情，要惹我生氣？」

你心中想：你早就告訴老闆了，只是他忘記了而已，此時你就可以使用那三大類技巧，尤其是反映技巧中，相關意義與情感反映、簡述語意等。你可以這樣回應：

「老闆，對不起，因為我不知道○○○○，讓你覺得困擾，但是我想還不用太生氣，因為我們可以××××做，或許就可以補救了。」

切忌與他們一般見識，或者是立即起了情緒反而會弄擰了溝通。

(二)當對方經驗強烈的感情，或想討論問題的解決方法時

對方經驗到強烈的情緒，可能難以一時平復，此時你的追隨技巧和反映技巧也是極佳協助對方解決問題的基石。例

如：你可以利用「讚許」的技巧，讓對方得以思考問題解決的方向。

> 「你之前都是如何做到的？你是怎樣來解決這個困境？你每次都能像這次一樣在面臨困難情境時想出什麼好方法嗎？」

或者是：

> 「你現在最難得的是，你看到你自己的改變，而這種改變讓你變得更有力量，而且也可以看到自己想要什麼？」

(三)當對方用一些「密碼」在談話時

在本章第二節有提及，如果使用「密碼」傳遞訊息，可能會使他人無法理解，此時亦可使用追隨技巧和反映技巧，讓我們更清楚瞭解對方想傳達的意圖。

(四)當對方希望理清他的情緒或思想時

如果對方一直希望你能協助他，處理他對問題的困惑，或者是被情緒所掩蓋，此時反映技巧是最為有用。例如：

> 小玉：「我真的不知道我對他的感覺是什麼？好像很喜歡，但是又討厭他目中無人的態度。」
>
> 小品：「妳的意思是，妳不確定對他的感覺，是喜歡，還是『特別』？」

活動5-4　認識自我

單元目標：透過讀書、分享心得來討論對自我的看法
　　　　　及概念

教學資源：摘自張老師文化出版《好好過日子》一書
　　　　　部分內容來討論

活動內容：

1.生命是用來行動、學習和享受。學習得愈多，你可
　以做的事就愈多，做的事愈多，你可以學習到的也
　更多以投入自己的生活。

2.成為生命的熱切參與者；全心投入，奮然躍下，擁
　抱新經驗，大膽去嘗試。讓你的人生成為活生生的
　學問。

4.任何都可以豐富你的人生，幫助你學習和成長。不
　管是什麼樣的遭遇，不管在多麼不公平或是顛倒是
　非，你都可以在這樣的情境中有所收穫。

6.人生提供你學習的課程。你必須去判斷出現在人生
　大道上的一切事物，何者為真、何者為假，什麼適
　合你、什麼不適合你。你是真正的導師，一切的學
　習都要靠自己。

8.掌控自己的心智，永遠保持開放。你的心智是無價
　之寶，幫助你挑選、組織、形成概念，以及重新輸
　出資訊。

10. 接納自己的情緒。如果你害怕自己的強烈感受，例如罪惡感、憤怒、失望以及恐懼，那麼讓自己盡量去感受你是多麼的害怕。然後，去體會這些情緒，之後提醒自己，你活過來了。

11. 在想像中為自己建造一座聖殿——內在的避難所，你可以選擇收容任何事或任何人；你可以隨時改變或遷移它。在內心的聖殿裏，你會發現真實的自我。

13. 你不需做什麼事來證明自己的價值，你已經是一個尊貴的人。一個人的價值與行動、思想、感情、心智、身體、情緒或其他任何事物皆無關。你的價值是不證自明的。

15. 去發現你的人生目的，將自己所有的正面特質一一列出來。選擇兩三項最適合你的特性，以「我」或者「我是」開頭造句。當你發現你的人生目的時，你的內心會有所感應。

17. 肯定自己的人生，宛若你已經是自己渴望的面貌。學會自動將你的願望轉換為肯定，接著開始捕捉自己的負面思想，加以改頭換面，變成對自己的肯定。

19. 不要接受其他人設定的界限，天下沒有不可行或不可變動之事。即使這些聲明是刻在石頭上，帶著你的鐵鎚和鑿刀，擊碎它。

22.接受自己造就的既成事實，接受偏離期望的未來，也接受你無法改變的當下處境。當你有能力改變時，再放手一搏。

31.充分去體驗人生，宛若掬起捧水——水會完完全全地覆蓋、包圍掌心，然後讓水流掉。雖然掌心上會留下一些水，就像你會在你接觸過的人、物上留下些許痕跡，但手再也捧不住水，水也無法抓住手。

34.明明白白地感謝生命中的美好事物。列一張清單，全心全意地感恩，感謝小事、大事、每一件事。感恩的態度是一種圓滿豐盈的感受。

焦點議題

你的知覺敏感嗎？

　　企業內的工作都是經由分工與合作的方式進行的，因此，良好的溝通是組織運轉的必備條件，若溝通不良，則組織的目標必定無法達成。

　　由於企業是一個有目標的作戰體，工作進行必須講究時效、正確及效率，因此，企業內的溝通還要注意下列三個特點：

　　1.迅速地：要能透過手段、方法，迅速地獲得溝通時

所需要的資料、情報，有溝通需要時要能迅速地進行溝通。換句話說，你平常對於你工作範圍內的相關資訊要隨時充分地掌握，要擅於使用提供情報的工具如電腦。

2. 正確地：溝通時講的話、提供的資訊要注意它的正確性，要能明確地表達自己的想法，不可語意含糊、似是而非，把揣測當作事實陳述。

3. 容易瞭解：用字遣語要簡單明瞭，使用共通的語言，千萬不要使用艱深的文字或賣弄炫耀自己在文字上的造詣，率直地表達自己真正的想法。

不管你使用哪種方法溝通，請你要把握迅速、正確、容易瞭解的三個原則，同時溝通時要能注意到下列的三個要點：

1. 從整體、大方向開始溝通：如公司上個月份營業收入達成率為95％，營收短少五十四萬元；以產品來說，C產品及D產品落後計畫最嚴重，分別落後二千五百萬元及一千五百萬元，造成落後的主要原因有三項，第一項為⋯⋯。先讓對方有一個全盤性的瞭解，再針對各個細項逐一說明。

2. 一面溝通一面要確認對方理解你的意思：要注意對方確實理解你已說明的部分後，再進行下面的溝通，否則無法做正確的溝通。

3.完整不遺漏：溝通時隨時以6W3H來提醒自己，每件
事情都要完整地溝通清楚，務使溝通後，雙方能依
溝通後的結果，產生具體的行動。

名詞解釋

語言溝通	注意的技巧	反映的技巧
溝通的管道	涉入的姿態	簡述語意
干擾因素	ROLES	情感反映
接收	追隨的技巧	意義反映
理解	開門器	
記憶	基本的鼓勵	
闡釋與評估	偶爾的詢問	
反應	沉默	

作業提示

1.請說明語言溝通的意義層次。

2.請說明溝通的過程中，必須注意哪些干擾因素？

3.請說明語言溝通的特性，並舉例之。

4.請說明傾聽的過程階段包含哪些，並舉例之。

5.請就積極傾聽的功能及技巧，舉例說明之。

6.請說明積極傾聽使用的時機，舉例說明之。

參考書目

丁興祥、李美枝、陳皎眉編著（1989），《社會心理學》，空中大學。

王政彥（1991），《溝通恐懼》，台北：遠流。

李茂興、余柏泉譯（1995），《社會心理學》，台北：揚智。

林鶯譯（1998），《好好過日子》，台北：張老師文化。

陳皎眉（2004），《人際關係與人際溝通》，台北：雙葉書廊。

陳皎眉、江漢聲、陳惠馨（1996），《兩性關係》，空中大學。

黃安邦編譯（1990），《社會心理學》，台北：五南。

游梓翔、劉文英、廖婉如（2002），《人際關係與溝通技巧》，台北：雙葉書廊。

楊語芸譯（1997），《九十年代社會心理學》，台北：五南。

鄭慧玲譯（1990），《家庭溝通：促進家人和諧的10個秘訣和20個原則》，台北：遠流。

謝蕙心譯（2007），奧斯卡‧柏尼菲原著，《人生，是什麼呢？》，台北：米奇巴克。

Devito, J. A. (1994). *Human Communication: The Basic Course*(6th ed.). New York: Harpercollins College Publishers.

Egan, G. (1986). *The Skilled Helper*, 3rd Ed., Brooks/Cole, Belmont, California.

第六章
人際衝突的解決

摘要

本章內容包含著非語言的溝通和人際衝突的解決兩大方向。

一、非語言的溝通管道：有身體語言（body language）和副語言（paralanguage）。

副語言是指說話的音調和頻率。人際距離遠近和時間行為上，不同的文化和權力議題都有可能會帶來不同的解釋和思考。

非語言溝通的特性是：非語言溝通是較模糊的、非語言溝通是連續不斷的、非語言溝通是多重管道同時進行的、人們比較相信非語言的訊息。

非語言溝通尚包含重複（repeating）、加強（accenting）、補充（complementing）、規範（regulating）、矛盾（contradicting）和取代（substituting）等功能。

二、在非語言溝通中，身體語言可以透過我們的眼神注視（gaze）、臉部表情（facial expression）、肢體動作和姿勢（body movement and gesture）、觸摸行為等，來傳遞訊息。

眼神注視具有五種功能：(1)提供訊息（providing information）；(2)規範互動（regulating interaction）；(3)表

達親密（expressing intimacy）；(4)執行控制（exercising control）；(5)促進任務的達成（facilitating task accomplishment）等。

肢體動作和姿勢（body movement and gesture）五種情形：象徵行為（emblems）、說明行為（illustrators）、情感表現（affect display）、規範行為（regulators）和改編行為（adapters）。

改編行為是指人們在私底下（private）表現的行為，主要用來滿足個人的某種需求。

三、人際衝突的原因：(1)目標不相容；(2)意見或價值觀不一致；(3)競爭稀少的資源。「意圖」階段衝突處理方法：競爭、統合、退避、順應、妥協。

四、人際衝突解決的模式：強迫、迴避、遷就、合作、折衷五種模式。舉例退縮、投降、攻擊等三種負向的方法，以及說服、討論等兩種正向的方法。

五、中國人害怕衝突的原因：

1.文化中「以和為貴」的精神。

2.缺乏「長期導向」的客觀思維。

3.缺乏學習經驗。

4.生命中既有的創傷經驗。

六、面對衝突的「洞察力」觀點：

1.誠實面對自己，不要跟自己玩「心理遊戲」。

2.用「平常心」處理「認知失調」所引發的衝突。

3.找到自己的「非理性」思考或偏好，並且把它

"delete"。

4.人與事分開、人與問題脫鉤來看。

前言

在語言溝通中，我們瞭解到積極傾聽的重要性，但是人們總是相信非語言訊息多於語言訊息，這是何故？我們可由下面的例子來思考：

小玲是某公司小主管，某日在搭乘電梯上班時，聽到了這樣的對話：

甲女：「我們公司最近新來了一位職員，我的天啊！她每天都打扮得花枝招展，看了都令人覺得噁心。」

乙女：「我們公司也是，老闆只看見阿諛奉承的人，認真的人都看不見。」

丙女：「唉！人若是歹命，就是『種瓠瓜生菜瓜』。」（手還一直撥弄著頭髮）

丁女：「就是說嘛！自己沒能力就不要怪別人。」（頭還不斷地搖晃）

你看了上述的案例後，你的看法是什麼呢？

究竟誰比較被注視或者被吸引呢？

答案顯而易見，其實有肢體動作，再加上特殊的言詞最容易吸引人。由此可見，非語言訊息對人的影響，我們以下

就由非語言溝通的特性與功能來談論，各種不同的非語言訊息所帶給人的思考。

第一節　非語言的溝通管道

非語言溝通（nonverbal communication）通常是指人們在溝通過程中，不採用語言作為表達意見的工具，而運用其他非語文的方式傳遞訊息。例如：在路上遇到不相識的人，你可能不會理會，但遇到有一面之緣的鄰居，則有可能會用「微笑」、「嗨！」、「哈囉！」或者是其他方法來與對方建立關係。通常「微笑」是最常被使用的。然而即使是非語言溝通也有文化上涵義的差異。

雖然來自世界各地的人們使用許多相同的非語言線索，但卻有著不同的用法。「微笑」可能意含正面的經驗，也可能意為接觸的愉悅，或為了挽回面子。再者因為語言差異很大，人們無法瞭解一個人所說的外國話，但是他們可以透過非語言線索去瞭解這個人的想法或感覺。

一、非語言溝通的特性

在非語言溝通的方式中，有些動物會用他們的方式來彼此示好，例如：我們最喜歡的「海豚」會用點頭來與人們打招呼及顯示欣喜的心情。在人類身上就會看見更多可以彼此

示意的動作。例如：眨眼、打哈欠等。這些是靠身體的部分來做的打招呼，我們稱之為「身體語言」，下面將有更精闢的解釋和說明。

「副語言」則是指說話的音調和頻率。這也會帶給人們一些不同的感受，例如：你聽到和顏悅色的聲音，會覺得心情愉快。但是若聽到一些尖酸刻薄或者是刺耳的聲音，你就會想退避三舍。

人際距離也會影響我們對非語言訊息的覺知，距離愈近，觀察得愈清楚，很自然地也愈容易理解對方的意思，這些距離的遠近在第一章已做過說明。

在時間行為上，不同的文化和權力議題都有可能會帶來不同的解釋和思考，而非語言訊息在不同的時間點上出現，通常也代表了不同的意思。例如：在早上時，看見有人很喜悅地向你打招呼，你也會有所回應，但若是在晚上，你則會驚懼不已，這自然也有都會和鄉村的差異，也可能和治安好壞有關。

活動6-1　打招呼

我們平時都端坐在辦公室裏，極少可以起身活動的機會，現在就讓我們用你的身體語言和別人打招呼吧！

第一，請用你的雙手，向你旁邊的人打招呼，任何方式都可以接受。例如：手心手背、手腕邊或者是手臂等。

> 第二，請用你的雙腳，向你旁邊的人打招呼，任何方式都可以接受。例如：腳邊、腳背或者是腳底等。
>
> 第三，請用你的臀部，向你旁邊的人打招呼，任何方式都可以接受。
>
> 最後，你可自由選擇任何身體部位與人打招呼。
>
> 當然，擁抱也是一個重要的打招呼方式喲！

人們隨時隨地都在進行非語言溝通。無論個人是否說話，他的舉手投足或是沒有做任何的動作，其實都表示了一些意義。

1. 非語言溝通是較模糊的：但是非語言訊息相較於語言訊息，顯得比較模糊不清。有時候可能是個人的身體語言有意傳達某些訊息，例如：在發表重要演說時，不斷地眨眼睛。常令人搞不清楚，究竟是因為個人因素，還是只要講到重要議題時，就會如此。但是也可能是無意識的動作，而且，相同的行為，也有不同的詮釋。

2. 非語言溝通是連續不斷的：人們的非語言行為，是連續不斷、隨時隨地都在進行的，即使人們停止了說話，我們的眼神、臉部表情或肢體動作，仍不斷地透露一些訊息。例如：看書時，不停地轉動原子筆。即使口中唸唸有詞的重點已經結束，但是動作仍未停止，即可能就是緊張，為消除焦慮而出現的慣性動

作。有時有人會不停地轉動頭髮，即使已與人停止交談，仍有可能會繼續這項慣性動作。

3. 非語言溝通是多重管道同時進行的：非語言溝通通常是多重管道（multiple channels）同時進行，或是成套的訊息（a package of messages）一起出現的。通常人們在表達某個情緒時，身體的部位，如臉部表情、眼神與聲音都會傳達出同樣的情緒。此外，非語言訊息也會成套的伴隨語言出現。

4. 人們比較相信非語言的訊息：根據研究發現，當他人的語言訊息與非語言訊息不一致時，人們比較相信非語言管道所傳遞的訊息，因為人們認為語言訊息是較容易控制、作假的，而非語言的訊息，卻較難完全掌握，常常會洩漏心中真正的想法和真實的情緒，學者（K kman & Friesen, 1974）稱之為非語言洩漏（nonverbal leakage）。

但是非語言溝通與語言溝通，也有一些相似之處，有時候是相互關連（interrelated），而不是各自獨立的（independent）。

例如，它們都有一些成文或不成文的規定，規範人們在何種情境下，應該表現何種行為才是適當的。如參加喪禮時，應穿著素色服裝，同時也應保持嚴肅哀傷的神情，不可嬉鬧。

非語言溝通除了以上特性外，尚包含重複、加強、補

充、規範、矛盾和取代等功能。

　　例如：當有人閃爍其詞時，「我想我們應該……」，還會再加上眼光的迴避。當有人強化重點時，「那正是我所感受到的……」，還會再加上堅定的眼神。當有人猶疑試探時，「嗯，我可以向你借一點時間嗎？」，還會再加上眼光的閃動。

　　以上這些都足以看出，因為非語言訊息的肢體動作，有如眼神、臉部表情、手勢、姿勢或姿態；自我表現的，有如身體外貌、人為事物、人際接觸、時間行為和空間元素等。在相互幫襯下，而使得語言訊息更具魅力，也使得語言溝通更加順暢。例如：有些人在詢問問題時，即使可能知道結果，仍會不死心的再問一次，有學生甘冒大不韙的請問「大刀」老師：

　　老師，如果我平時考皆未參與，只考期中考及期末考，此科目是否會過關？

　　此時老師拿出那放大鏡，仔細觀察這名學生，並用冷冷的口吻回答：

　　你認為呢？

　　此即為加強語氣中的「不贊同」。

　　例如：有位個案來向諮商師詢問，父親過世後，心情的平復和處理，結果出現：嘴角上揚，甚至於微笑的表情。

諮商師：「我不知道你怎麼了？可是當你在説很傷心父親的離去時，卻又在微笑？可以告訴我，發生了什麼事，讓你有語言和表情不同的反應？」

不過當他人「言行不一」時，我們通常會相信行為動作所傳送的訊息，而較不重視口語的訊息，這也是為何諮商師會做如此的詢問了。

活動6-2　遇見「眼」中的你

1. 請同學將眼睛矇上，彼此手牽著手，分成兩列，眼睛未被矇住者在前方帶領，請被矇住的同學跟著他，然後開始利用各種方式暗示途中將會遇到的危險情境。過程中皆不能言語，老師要提醒同學注意安全。

2. 請同學在繞完一圈後，回到原位，並要能説出途中的經歷和所帶領者是誰？可以有三次猜測的機會。

3. 回到教室內，把矇住的布拿下，看看你猜的對不對？並相互分享，猜測對方的理由。

——你是我心中的眼——

二、身體語言與副語言

在非語言溝通中，身體語言可以透過我們的眼神注視、臉部表情、肢體動作和姿勢、觸摸行為等，來傳遞訊息。

有研究發現：不論男性和女性皆有的話題是工作、電影、電視節目等；女性朋友談論比較多的家事話題、關係問題、家庭、健康和生產的主題、體重、食物和穿著、男人和其他女人，在非語言訊息上，顯得比較柔順，小動作較多，比較不誇張，但是相互擁抱和觸摸，卻比男性來得多；而男性比較願意討論音樂、時事、運動、事業和其他男人，在非語言訊息上，顯得比較粗暴，大動作，誇張，與同伴勾肩搭背，極少擁抱和觸摸。

雖然彼此都認為對方的言論是「膚淺的」，行為「超越」本分，但這些都是非語言訊息，值得我們去瞭解。

(一)身體語言

■眼神注視

在第二章時，我們有約略提及非語言訊息中之眼神接觸，在此特別強調是透過眼神注視的方向（direction）與時間長短（duration），可以傳達各種不同的訊息。

眼神注視具有五種功能：(1)提供訊息；(2)規範互動；(3)表達親密；(4)執行控制；(5)促進任務的達成。

眼神注視可以提供喜歡、注意程度（attentiveness）、互動者的地位差異等訊息。例如：被暗戀的對象長期注視，而你也會有感覺時，就會用眼神回應對方。

眼神注視能夠規範雙方的互動，有時候在辦公室內忙著完成某些事情，希望不受到他人打擾時，我們會盡量避免與對方的眼光接觸，或是很禮貌地回絕對方的善意。而當我們又想和他人建立關係時，則可能會看著對方。

當然，我們在與人會談時，也常以眼神來示意對方，例如：你稍晚進去開會，同事可能向你眨眼、微笑，巧妙地傳達「主管沒有點名」的訊息。

不論是在愛侶的表現上，或者是家人的關係上，眼神都能表達彼此的親密感。熱戀中的男女，眼神交會、彼此注視的時間，總比老夫老妻來得較長些。

一般而言，大家都有經驗：高地位者在交談中，注視對方的次數少於低地位者，有時有權勢者亦然，當你問他問題時，他極有可能低著頭回答，並附上一句：

我正在忙著，你沒有看到嗎？

我們在很多的職場溝通，或者是政壇中發言，都可以瞭解到，如何能控制場面？就是用眼神制止對方，而搶奪「發言權」。尤其是在開會的場合中，主管的眼神飄向何處，職員就得被迫表達出自己的意見來。

而眼神也能促進互動雙方任務的完成，例如：在執行爆破工程的人員，一定要彼此利用眼神或者是暗號來溝通，才

能執行下一個動作，否則，一個疏忽，極有可能造成工安意外，得不償失。

活動6-3　鏡中的我

請成員兩人一組，面對面不說話，完全用動作、眼神傳遞。一人做動作，另一人就做他的鏡影，可坐也可站，雙方盡量保持和善的眼神接觸，輪流扮演主動者和跟隨者。

1. 請問在剛才的過程中，你感覺到什麼？
2. 當別人和你做一樣動作時，你又看到什麼？
3. 回想一下，第二章所提的「鏡中自我」的看法？來思考你發現了什麼「新」的自己？

■臉部表情

我們至小嬰兒時期就會有原始的情感表現，最常出現的哭鬧，傳達著某些不舒適的訊息。有許多學者都致力於嬰兒表情的研究，讓我們發現到，有時孩子會急於用表情來與外界溝通。在「新生命的誕生」一片中，就提及嬰兒表情是最豐富的，他會顯示出不同的表情，來代表著目前的情緒狀態，特別是快樂（happiness）、驚喜（surprise）、恐懼（fear）、生氣（anger）和嫌惡（disgust）等六種情緒。這些

情緒是人們與生俱來（innate），不需學習，便能表達的情緒。

待逐漸成長爲大人時，就會因爲後天的學習，如文化差異、不同的情境因素和個人表達情感的能力，而出現情緒表達的方式和能力，有時候是隨著社會化歷程的不同，而出現差異。當然也有可能是，先表現了某些表情再進一步引發個人經歷某種情緒的情形。例如：

> 觀看鬼片時，時常看見有人因爲驚嚇而瞳孔放大。但也有人因爲看見自己心儀已久的偶像和作品時，會產生瞳孔（pupil）的睜大，和表達個人感興趣、或情緒喚起（emotional arousal）的程度之現象。

■肢體動作和姿勢

至於肢體動作，我們大部分都會提及五種情形：象徵行爲、說明行爲、情感表現、規範行爲和改編行爲。這在社會心理學或者是團體觀察及個人反應模式中，時常被提及，也有許多學者出現如此之論證，認爲非語言行爲會增強語言行爲的可信度，而讓受話者更能清楚地意識到講者所想要提供的訊息。

象徵行爲一般而言，是指將語言字句直接翻譯爲非語文動作，常用來輔助語言的不足，例如：「贊同」以點頭代表。也因此這會有一些文化上的差異，必須在相同的文化背景或基礎下，才能瞭解彼此的意思。

說明行爲是伴隨著語言一起出現，用來重複、加強或補

充語言訊息的非語言動作，但是卻無法單獨出現。規範行為則指的是那些能夠監控（monitoring）、維持或影響他人說話的非語言行為。

這些都與情感表現一樣，易被理解，但是改編行為就比較特別，它是指人們在私底下表現的行為，主要用來滿足個人的某種需求。例如：

> 如果在公開場合開會，你的腳底正癢著，此時你卻無法公開地抓癢，你會有如何的表現呢？或許你會摸摸小腿，暫時止住癢，也或許會整理鞋子來代替，總之，就是不會直接脫下來抓癢吧！

這種因為在別人面前，所以會比較收斂，沒有像私下時那麼明顯的行為，就稱之為改編行為。

■觸摸行為

觸摸行為可以分為各種不同的類型，也代表著不同的意義，例如：為了達成某種任務而採取的觸摸行為，可能不帶有任何情感的色彩者，我們稱為專門性觸摸；能夠傳達彼此的關心、喜歡或好感的觸摸，我們認為是友誼—溫暖觸摸（friendship-warmth touch）以及愛情—親密觸摸（love-intimacy touch）。

那麼我們對於剛認識的朋友，彼此的寒暄，又是如何看待呢？

這是「禮貌性觸摸」沒錯，但是也有文化差異需注意：

　　北美文化是屬於低脈絡文化，在美國和加拿大居住的人重視有話直說，在非語言行爲上，也是會有任何想法都表現在臉部表情上；相對於北美文化的亞洲，覺得維持和諧比較重要，是屬於高脈絡文化，如果是威脅到對方的自尊或者是顏面，就會說得很婉轉而不清楚，在非語言行爲上亦是如此。

　　當然也有些是細微的差異，例如：北歐人和日本人常被南歐人視爲冷酷、不好親近，而南歐人卻又常被北歐人認爲愛出風頭、具攻擊性格和太過熱情了。有時像美國人，喜歡見到人就給予擁抱，也是一種禮貌。

　　但是在男女方面是否有所差異呢？

　　研究發現，男女在觸摸行爲上，並沒有顯著的差異，但是女性對觸摸的反應較男性正向，例如：她們總是可以溫暖地安慰一個傷心的人，用手緊握或者是拍肩膀給予支持，但是對於男性而言，這些動作則顯得過於女性化，而不太能放心使用。

好片賞析

練習曲

　　大學就要畢業的明相騎上自行車，獨自一人展開七天六夜的單車環島旅程。逆時針的環島路線，東岸到西岸的逆風行，一路所遇見的人與景，交織相扣，譜出生命的和弦。

　　他遇到了藉由影像製造夢想的工作者，專心一意地想將太平洋的風捕捉入鏡；在花蓮海邊遇見來自立陶宛的年輕女孩，她說她的國家沒有山……；旅程中寂寞的時候，他在海邊彈著吉他，伴著月色和海潮聲，以大地為床，就地而眠；肚子餓的時候，和租遊覽車一邊抗議工廠倒閉一邊旅遊的工廠女工分享便當；疲累的時候，他停駐外公外婆家，一聲「阿公阿嬤」喚起許多人的童年往事和遺忘已久的血肉親情……。

　　回到高雄，旅程結束，回憶卻正要開始。十二段精彩的偶遇，是明相難以忘懷的生命滋味。停好一路相隨的單車，打開電腦，拿起吉他，明相輕輕地彈奏起屬於他的生命練習曲……。

　　這部影片讓我重拾許多兒時記憶，也製造了更多的夢想，有勇氣、毅力和人與人的關懷，更重要的是這名青年是聽障，卻能擄掠了大自然最好的美景，和聽到我們所不

能觸及內在那美好的聲音。

簡單而有力的故事，卻傳達了一種發現與期待，隨著時間與空間同步推進，就產生了一種能量，將旅遊當時的感受，透過時間的行進而昇華，讓你我也能同時感受到那份恬靜與美好。

1.請說出你觀賞完此片後的心情及感受？

2.如果有一天你也可以實現你的夢想，你希望能做些什麼？

(二)副語言

我們所說的副語言是指我們說話的方式，包括說話的頻率（聲音的速度）、音調（聲音的高低）、音量（聲音的大小）和音質（聲音的品質）。這四種聲音的特性，可以補充、加強或抵觸語言本身所傳達的意思。例如：你若是在公司做簡報，但是說話輕柔緩慢，可能會被主管認為你很害怕、緊張，並可能是比較沒有能力的人。

有時學生打瞌睡，是與老師上課時的音調、頻率、音量總是一成不變（monotone），沒有任何高低起伏有關，當然也會被認為是沒有活力，或者是對外在世界缺乏興趣。

若是講者說話的速度，比一般人平均說話的速度快時，

他們的論點較具說服力。當然這也要視情況而定，我們在前幾章也提及，一個人的聲音語調若是太平淡，沒有熱度，即使話說得很快，卻令人有不受尊重的感覺。何況若是與他人在溝通時，如果說話者速度過快，聽者可能無法完全掌握說者的意思，不能做出適當的反應或回答，因而可能會感到憤怒，而不願繼續溝通。

例如：在個人主義國家，說話速度快的人令人感覺較有自信與能力，但在集體主義國家，說話速度慢的人才會令人感覺是有能力的。在低脈絡文化的國家裏，如果不能快速的反應，會讓人覺得你太過壓抑，這是沒有必要的，反而變得虛偽，但是在高脈絡文化的國家裏，當男性說話者速度較快，反而令人感受是有不能信任的感覺。

焦點討論

職場人際關係

我們在職場上，應該要如何做好人際關係呢？

哈維麥凱在《與鯊共泳》一書中，提到了二大要點，

一是成功方程式：「決心＋設定目標＋專心＝成功」。

在《當心裸男》一書中，又另外加上了「勇氣」這個要素。

二是人際關係經營，需要勤做筆記、細心觀察、超越目標和關懷。

所以他認為主管要記住的是：關懷是最上策，讚美永遠不嫌多。

談判高手、一流運動員和撲克牌好手，每季比賽後，一定會把經驗摘要記下。除了記載自己的事，也包括觀察對手的心得。而且，不要以達成目標自滿，而是要超越目標，如此，公司便少不了你這號人物。

1.你覺得你具備此兩項要點中的哪些部分？

2.你對「成功」有無不同的看法？

或許我們可以試試以下的方式

如果將英文字母A到Z分別編上1到26的分數（A=1，B=2……Z=26），則「知識」、「努力」及「態度」，應該各得幾分呢？

（答案在第261頁）

聰明如你，應該想到了吧！

第二節　人際衝突的處理

我們在生活中難免都會與人意見相左的時候，有時候是純抬槓，有時候是彼此積怨已深，但是不論產生衝突的原因是什麼？我們都不會只停留在一個點上，一定會想辦法解

決。即使在家庭中之夫妻、親子間，或是在公領域的組織裏，我們都必須先瞭解人際衝突的性質和原因。

一、人際衝突產生的原因

就個人而言，人際衝突之所以產生，是因爲內在的衝突，和不平衡的矛盾。例如：對於「自拍」照片曝光，內在的矛盾在於：這是我的隱私被人侵犯，自然應向他人追討，另外自覺身受傷害的同時，又擔心過於撻伐的模樣，會被他人誤會。

有時候甚至於是自我內在價值觀的衝突與矛盾。例如：兒子對母親說：「你都不瞭解我……」母親深感擔心和生氣的同時，另一方面又覺得自己似乎眞的花太少時間在關心孩子。

但是在團體中，不論是公領域或者是私領域都有多數的原因形成：

(一)目標不相容

即便是在家庭中，發現夫妻二人爲教養孩子、經濟問題，甚或如何奉養長輩都有不同的思考和想法。如果不能平時就建立好良好的溝通機制，衝突在所難免。例如：

夫：「快過年了，要快些整理家裏，看起來眞的很亂。」
妻：「你在上班，我也在上班，爲什麼是我整理家裏，你

　　　沒有『手』，不會整理嗎？」

　　上述是不是很熟悉的對白呢？

　　一開始可能只是發發牢騷，但在另一個人耳朵聽來，似乎在指責她辦事不力，而太太後面多加的一句話，可能還帶有情緒和賭氣的成分，結果就變成口語上的戰爭，更有可能將八百年前的舊帳翻出來，鬧得沒完沒了。

　　在組織內也會發生類似的情形，有時候你會覺得你好像吃虧了，總是擔心別人占了你的功勞，因而內心出現許多負面的小精靈來干擾你，讓你的內心很不平衡，也很受傷。男性可能因為沒有面子，會出現暗地裏較勁的情形。

　　當然，也常因為目標不一致而出現負向的溝通，令人產生不愉悅的感覺，例如：

　　對別人的話毫無回應，或在不適當的時機提出批評。

　　有時過於主觀地認為他人在挑剔、找麻煩，或者沒有任何努力的意願。

　　有時會用比較不入耳的話來直接傷害他人的自尊心。

　　是以獨斷、打壓和憤怒的方式來讓對方難堪，也未得到問題的解決。

　　並非針對事情提出建設性的看法，反而是對個人的意見特別多。

(二)意見或價值觀不一致

在組織內彼此意見和價值觀會產生不一致是很常見的事，但是我們有時經過「腦力激盪」或者是共同的討論，會達到某些暫時性的共識。但是以下的情形可能會造成困擾，例如：某公司一級主管新上任，就開始調派內部人事，弄得公司內人心惶惶，此時有一位二級主管認為那是他的專業，新來的長官不應該不先瞭解和調查清楚，就隨意處理，兩人爆發激烈口角，一級主管當日立即向董事長報告此事，但二級主管則認為他已善盡告知的職責，經過了一天的沉澱後，如果你是董事長，你會如何來處理呢？

如果此事是發生在前面所說，低脈絡文化之國家和高脈絡文化之國家各有何不同的處理態度？

一般而言，工作劃分不清楚，執掌重疊，或是兩個人彼此依賴性的增加會使意見不一致的機率逐漸提高，亦即人們的互動愈密集，產生意見相左或爭論的機會也就愈多。

第258頁的答案是：

「知識」（KNOWLEDGE）得到96分（11+14+15+23+12+5+4+7+5=96）。

「努力」（HARDWORK）得到98分（8+1+18+4+23+15+18+11=98）。

「態度」（ATTITUDE）得到100分（1+20+20+9+20+21+4+5=100）。

(三)競爭稀少的資源

　　企業內部所擁有的資源是有限的，企業在運用時，必須能找到最大效益與收入的投資，若是要組織內資源公平的分配，那是不可能的。而員工間也很自然會比較投入產出比例的多少，或者是對組織的貢獻，如此一來，衝突必現，明爭暗鬥也會變得明顯。

　　而工作量分配的不平均和缺乏群體的支持，皆有可能會造成衝突的日益白熱化。

　　至於性別有無可能是衝突的來源？

　　就現今多數的研究報告顯示，雖然我們有「性別工作平等法」的保障，但是還是會出現「職業隔離」的現象。與女性相關性高的職業中，有可能使用女性主管，而在商業化競爭激烈的情況下，高階主管還是以男性居多。以大專校院為例，女性擔任二級主管尚有一部分，但是擔任一級主管者少，而擔任校長則更少，大都是以男性居多。顯然在升遷、任用上，女性是較為吃虧，這也是我們所稱的「玻璃天花板」效應。

人情眞是薄如「紙」？

我們常會在職場遇到一些人情的事件，我們通常會如何處理呢？

我們看下面的兩個例子：

◆幫助

正面的事例包括別人遇到困難主動提供幫助。此外，還表現在別人危難的緊急時刻之救助行為，當別人處於危難中，找任何藉口不給予幫助都是沒有人情的體現。

◆答應他人的請求

典型事件是，對方請求或要求自己做一件事，而這件事要嘛是自己不願意做的，要嘛是自己做起來感到困難的，或者這件事根本不屬於自己的職責（在工作情境中發生）。在這種情況下，由於對方是熟人，自己不好意思拒絕，礙於「情面」只好答應了其請求，拒絕他人的請求是沒有人情的表現。在過去的調查中，被拒絕的人認為對方拒絕自己使自己難堪。

在上述的兩個例子中，你有什麼感受？在日常生活中是否也常遇到不好意思拒絕他人，反而造成自己困擾的情形？

二、人際衝突的處理

(一)人際衝突的發展過程

人際衝突並不是毫無預警就產生的，它有一定的過程，當我們想要解決衝突時，首先，我們必須先瞭解衝突是一個動態的過程（如圖6-1）。

由圖6-1可以瞭解，第一個警覺到衝突的階段，通常是因為組織結構，或者目標及彼此資訊的不對等和個人因素。在個人部分，也許是彼此認知不同及消化理解對方的訊息不完整所致。

在資訊理解的階段，「認知」和「歸因」是重要因素，如果我們都是正面歸因，就可以向對方提出和善的詢問，例如：「我有什麼地方是令你不愉快的嗎？」或者可以更有效的思考「這是許多因素所造成的，他已經盡力了。」

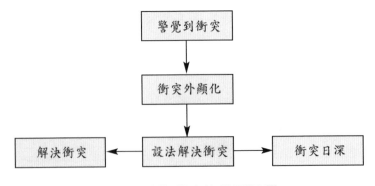

圖6-1　人際衝突的發展過程

　　但是如果我們都是負面歸因，就會出現生氣、嫉妒和敵視，也就會有破壞性的做法和報復性的攻擊，反而得不償失。

　　當衝突外顯化前，人們會歷經「意圖」階段，先私下較勁，我們可以由李長貴所提出之「意圖」階段衝突處理方法來做說明，詳見**表6-1**。

表6-1　「意圖」階段衝突處理方法

衝突的處理	運用情境
競爭	1.需要快速、有決斷的行動時 2.在重要會議上，需要介入的行動時 3.與組織的福祉相關，且確認自己是對的 4.反對因採取非競爭行為獲益時
統合	1.雙方考慮都很重要，需要整合解決時 2.當你的目的是學習的 3.想要合併不同觀點時 4.想要合併雙方考慮，達成共識取得承諾時 5.想要為共同目標達成，以利解決問題時
退避	1.問題很瑣碎，又有其他重要待解決問題時 2.當察覺到自己的需要無法獲得滿足時 3.當潛在破壞害處，超過問題解決時 4.想要冷靜下來，重新考慮時 5.又獲得新情報或新信息時 6.當另外他人提供更有效解決衝突時 7.當會擴大或引起其他爭議時
順應	1.當發現自己是錯誤時 2.當爭論主題對他人較重要時 3.為未來爭議建立社會性信用時 4.當組織的和諧與穩定特別重要時 5.讓部屬從錯誤中學習成長時
妥協	1.當目標很重要時 2.當有實力對手獨占目標時 3.複雜的爭論暫獲解決時 4.在時間壓力下，達到權宜之計時 5.在「統合」和「競爭」都失敗時

(二)處理人際衝突的方式

Rudolph（1996）建設性處理人際衝突的原則中，提到追求共同目標，與正確的表達自己的需求、計畫和目標，可以降低衝突或使衝突產生正向結果，而同理心的訓練，可以幫助成員用他人的角度來看事情，有助於建立共同的目標；「我訊息」的使用，則可以在衝突情境中紓緩情緒。

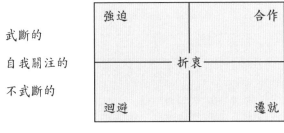

圖6-2　人際衝突處理模式

圖6-2的五種人際衝突處理模式代表了武斷性和合作性的不同組合。

■迴避模式

迴避模式指不武斷和不合作的行為。個體運用這種模式來遠離衝突、忽視爭執，或者保持中立。迴避模式反映了對緊張和挫折的反感，而且可能包括讓衝突自己解決的決定。由於忽視重要的問題會使他人感到灰心，所以總是使用迴避模式常導致人的不利評價。

當尚未解決的衝突影響到目標的實現，迴避模式將導致對組織的消極結果。這種模式在某些情況下可能是適當的，例如：

1. 問題很細小或者只有短暫的重要性，不值得個體耗費時間和精力去面對衝突。
2. 個體在當時沒有足夠的訊息來有效地處理衝突。
3. 個體的權力對其他人而言太小以至於沒有機會來形成變革。
4. 其他人可以更有效地解決衝突的時候。

焦點討論

男女分手的衝突

前不久（97.02.11.）新聞報導，一位男性網友因為女友想分手，在過年期間到女方家中談判，竟因不知如何溝通，而用電腦電線將女方勒斃，還非常冷靜地和女方母親道別，而後再自行投案，事件才爆發。

1. 看了上述的新聞，你有什麼感受？
2. 你覺得男女分手比較好的解決方式或處理策略有哪些？

　　時下流行愛情歌曲倒是提供許多人渲洩的方式，例如：梁靜茹的「分手快樂」、蔡依林「假裝」等。

　　我們對情侶分手的解決方法有哪些？

1. 沉默式分手：什麼也沒說，什麼也沒做，兩個人漸漸疏遠不聯絡。
2. 宣洩式分手：將交往這段時間種種不愉快發洩出來，告訴對方要分手。
3. 協議式分手：約一個合適的時間地點，將兩人不適合在一起的原因說明白，讓雙方有從容的時間處理情緒與未盡事宜。
4. 談判式分手：你的歸你，我的歸我。

　　就上述的方法而言，最好的方式是協議式分手，最不好的方式是宣洩式分手和談判式分手。

■強迫模式

　　強迫模式指的是武斷和不合作的行為，同時也代表了對人際衝突的贏－輸方法。這一模式包括強制性權力和控制的方面。強迫傾向也會導致他人不利的評價。

　　強迫傾向的個體認為衝突解決意味著非贏即輸。

　　當處理下屬或部門之間的衝突時，強迫模式的管理者會威脅或實際運用降級、解雇、否定的績效評價，或其他懲罰來獲得服從。

　　當同事之間發生衝突時，運用強迫模式的員工將透過向

管理者求助來盡量按照自己的主張行事。這種模式代表了一種透過管理者來將決定強加給對方的企圖。

　　由於員工的利益未被考慮，所以管理者過分倚賴於強迫模式，降低了員工的工作動力。相關的訊息和其他可能的選擇方案通常就被忽視了。在某些情境下強迫模式可能是必要的，例如：

1. 緊急情況需要迅速的行動。
2. 爲了組織的長期有效和生存，必須採取不受歡迎的行動。
3. 個體需要採取行動來保護自我和阻止他人利用自己的時候。

■遷就模式

　　遷就模式指的是合作和不武斷的行爲。遷就代表了一個不自私的行爲、一個長期的被他人所鼓勵的合作策略，或者是對其他人願望的服從。運用遷就模式的個體是典型的被他人給予積極評價的人，但是他們也會被認爲是軟弱和順從的。

　　當運用遷就模式時，個體會表現得好像衝突將最終消失，同時他也求助於合作。個體將透過安慰和支援來努力降低緊張和壓力。這種模式表示出了對衝突的情感方面的關注，但卻對於關注它的實質問題則沒有什麼興趣。遷就模式僅僅導致個體掩飾或掩蓋個人的情感。如果它作爲主要解決衝突的模式，則它基本上是無效的。

焦點討論

同儕的衝突

芝君和婉琳是情同手足的同學，彼此常一起外出、吃飯，也一起討論功課，但是某日卻發生了嚴重的衝突，因為她們兩人同時喜歡上一位新來的轉學生，剛開始時，兩人還一起談論，久了就開始有了競爭和計較在男方面前的表現，後來鬧得不歡而散，數年友誼毀於一旦。

1. 看了上述的故事，你覺得應該如何處理，才能讓他們重拾友誼？
2. 你覺得同儕間，衝突發生的原因有哪些？又該要如何解決呢？

依上述同儕關係的衝突，筆者蒐集一些資料，羅列如下：

◆學者的看法

良好的同儕關係是兒童學習及發展社會能力的支持來源（Ladd, 1990）。

同儕接納度較差的兒童會經常覺得孤單、寂寞（Cassidy & Asher, 1992; Parker & Asher, 1987）。

同儕是青少年「社會化」過程中的「重要他人」（Harlow, 1973）。

◆解決衝突應有之態度

    1.化解衝突應是基於利害之考量，而非立場之考量。

    2.必須維護當事人雙方的自尊。

    3.對事不對人，勿做人身攻擊。

    4.瞭解、尊重與同理心。

◆解決衝突之步驟

    1.適時陳述自己的需求。

    2.若遭到拒絕時可陳述自己的感受。

    3.陳述感受的原因和急迫性。

    4.總結對對方需求及感覺的瞭解性。

    5.立刻想出能夠妥善處理衝突的三個解決方案，和對方共同討論，選擇出一個對彼此都最有利的解決方案。

(三)人際衝突的解決與文化

■人際的衝突解決方法

    人際的衝突解決，我們舉出以下幾種方式做進一步的思考：

    下面將介紹退縮、投降、攻擊等三種負向的方法，以及說服、討論等兩種正向的方法。

  • 退　縮

    指身體上或心理上使自己抽離衝突的情境。例如：您之

前曾與您的家人協議過不要在家裏抽煙，某日您在家裏抽煙，您的家人說：「你不是答應過不在家裏抽菸的嗎？」，如果您說：「我現在不想跟你談這個問題。」並走了出去，那麼您即是以身體退縮的方式處理。

如果您只是看著您的家人不給他任何反應，但心裏卻想著另一件事，此時您係表現出心理的退縮。雖然心理和身體的退縮是常見的處理衝突的方式，但此方法不僅沒有消除衝突，也未試圖真正去處理衝突，此方法可能會導致衝突的感覺越來越嚴重。

• 投降

指放棄以避免衝突。例如：當您的長官說：「你就照著我說的去做就好了。」雖然您認為長官指示的做法有問題，但如果您說：「好吧，我就照您的說法做。」，那麼表示您運用了投降的方法。

雖然有時候基於合作，需要改變自己的立場以順應他人，但是如果總是以投降的方式作為處理衝突的主要因應策略，則是不健康的。

• 攻擊

指運用身體或口語的脅迫來達到目的的方法。例如：當您的小孩有他的意見時，您說：

你不准說話，我是你的爸爸（或媽媽），我說的話才算數，否則你就不要回到這個家來。

　　此時，您即是應用了口語的「攻擊」的方法。如果您打了小孩，那麼即是用了身體的攻擊方法。

　　藉著攻擊，人們強迫別人接受我們的觀點，以在衝突中成為一個「勝利者」。但是攻擊是一種情緒性反應，經常是不經思考便脫口而出或衝動的出手。因此身體或口語的攻擊都只會升高衝突或模糊了衝突的焦點，而無法使衝突獲得圓滿解決。

● 說服

　　是試圖以事實或理由改變別人的態度或行為，以獲得和解的方法。例如：如果您與配偶在決定買車時有如下的對話，則您即應用了說服方式在解決衝突。

　　配偶：我很喜歡這款的車型，我們就買吧！

　　您：我們不需要空間大一點的車嗎？

　　配偶：要那麼大幹嘛，這一部的大小夠我們兩個人坐了。

　　您：上次出去旅行時，你不是抱怨我們後座的行李廂太小嗎？而且過兩年等我們有小孩時，也需要後座大一點的車子啊！

　　說服若是開放而合理的，則是一種解決衝突的正向方法。但是說服可能變質為操縱，如：

　　你知道嗎，如果你支持我，那麼你就可以得到更多利益，如果你不支持我的話，那麼……

我想結果也是可想而知的。

● 討論

　爲問題解決式的討論，即指字斟句酌仔細考慮衝突問題的正反面，並開放雙方平等地提出看法。例如：

　夫：「你有充分的理由堅持你的想法，但是我認爲自己也
　　　有充分的理由，我們再討論更清楚一點，或許能夠做
　　　一個我們都滿意的決定。」

　妻：「我的想法是，我們目前有的錢只夠買一部小車……
　　　…」

　夫：「如果我去向銀行貸款，就會多個二十萬元，這樣我
　　　們的錢就足夠買一部大一點的車，而且如果二、三年
　　　後我們有了小孩，大點的車會比較方便。」

　妻：「可是銀行的利息都很高，我怕還不出來。」

　夫：「不會有問題的，我下週就領績效獎金了，先還一部
　　　分利息，再來攤還本金，就負擔不重了。」

　妻：「好吧，只要錢的問題能夠解決就好了。」

　討論爲人際關係中處理衝突的最佳方式，因爲在討論中能有開放的思考，而且雙方是平等的。然而以討論的方式處理衝突並非易事，因爲它需要彼此的合作，亦即參與者必須客觀地表達對問題的看法，坦誠面對彼此的感覺和信念。此外，雙方知覺到有衝突時，必須願意退後一步，才能有系統地去解決問題。

■中國人面對衝突的態度

衝突已在質與量上起了很大變化，衝突的暴力傾向與年輕化令人擔憂，以前的少年非行（juvenile delinquency）已不再是學校裏的差錯行為或是口舌之爭，現在的學生已進入社會從事一些與大人毫無差別的罪行，這種暴力取向的衝突形式已成了新趨勢。幾乎有三分之二的青少年衝突事件發生在學校與自己相識的同學之間。

在這些衝突的解決之道中，也有文化上的差異，Trubisky、Ting-Toomey和Lin（1991）發現，台灣人比美國人更多地採取寬容和迴避的策略，美國人比日本人和韓國人更多地採取獨斷的處理模式。中國人在團隊精神文化中，認為「人際關係比工作更重要」的精神，藉以迴避衝突，尤其台灣或中國，一般人為了面子，對衝突選擇是避而遠之，採取「各退一步，海闊天空」、「百忍堂中有太和」的態度，多選擇「息事寧人」或「逃避策略」。美國人則傾向於「強調立即、直接處理與工作相關的矛盾」。

為什麼人們（特別是中國人、台灣人）如此害怕衝突？筆者參考了李美枝學者的看法陳列如下：

1. 文化中「以和為貴」的精神：基於儒家的「秩序情結」作祟，人們習慣粉飾太平，總是想維持表面的和諧與人情，所以雖然「人際界線」已被侵犯，或看到社會公義已遭踐踏，卻在文化習慣的「惰性」下表現出若無其事或「一切沒事」的疏離。

2. 缺乏「長期導向」的客觀思維：基於生活艱困的經驗
   與從此而生的人性自私與自我中心，我們發現許多人
   不相信也缺乏思考這樣的命題，就是：「現在」的衝
   突會不會是「未來」幸福的基礎呢？

3. 缺乏學習經驗：也就因為生活經歷中太缺乏這類的教
   育與訓練，所以當衝突來時，人們常有的反應就是前
   述所言的扭曲情狀，而更可怕的是這種現象會「遺
   傳」、會「傳染」，並且讓人「渾然未知」，缺乏反省。

4. 生命中既有的創傷經驗：許多人都明白何謂「恐懼控制
   反應」，當人們遇到了心理壓力的經驗後，就容易因「制
   約刺激」的類化而可能對神似的情境採取躲避行為。

面對衝突的「洞察力」觀點

1. 誠實面對自己，不要跟自己玩「心理遊戲」：這種常發
   生在個人內心的趨避、雙趨、雙避或多重趨避衝突，是
   人在誠實地面對內心深處呼喊時，才會體會到的內在衝
   突。

2. 用「平常心」處理「認知失調」所引發的衝突：常言
   道：「期望愈高，失望愈大」，所以老莊思想試圖為人
   生的無常與多變找出一條達觀之路，所謂「持盈保
   泰」、「退步原來是向前」等立論。

3. 找到自己的「非理性」思考或偏好，並且把它delete：
   在心理世界中基於我們的「有限理性」或「非理性」，
   我們存在太多的偏見，以致許多事物我們有自己的

「定義」或「主張」。

4.人與事分開、人與問題脫鉤來看：人際間的許多衝突，在於人們總容易將與我們發生衝突的對方視為寇讎、對手，以致情緒失序，容易激情演出，導致一觸即發、一發不可收拾。

　　正如哈佛大學學者Fisher和Ury（1981）所提之協商的原則性觀點：「要瞭解雙方的角色作為，不要多作個性假設」、「瞭解情緒問題，允許其出現，但不要彼此起舞，火上加油」。

　　西諺有言：「雅典需要斯巴達」，唯有在衝突中進步的動力才會源源不絕、泉湧而至，我們不必害怕衝突，因為衝突是不可避免。

焦點討論

人情事件簿——感激與報答

　　很多都涉及到一人給予另一個人幫助後，後者以各種形式表示感謝或報答前者的幫助。在所蒐集到的事件中，發生在鄰居間、朋友之間、上下級之間、平行的同事之間，以及服務方與客戶之間，相反，曾受人幫助後，當別人日後反過來求助時，被求助的人如果不提供幫助來回報他人先前的幫助，則表明這個人沒有人情或不講人情的表現，這種報答的觀念在家庭成員中也存在，如果家庭中的

成員受到其他人的幫助，日後應當給予回報。否則，會被
視為沒有人情。受到別人幫助後，即使不能以行動回報別
人，受幫助者至少要心存感激之情。否則，容易被人認為
沒有人情。

　　看完上面的分析，你認同這種觀念嗎？

　　如果是發生在不同文化的美國或者加拿大，你覺得結
果可能又會如何？

　　如果我們在處理人際衝突時，都能切記下面這句話，你
就會覺得人生還是有希望，天底下沒有走不過的路，度不過
的河，解決不了的事。

While you meet something beautiful, the first thing you
should do is to share it with your friends anywhere. So that
these beautiful things will be able to spread out liberally
around the world.

當你遇見美好的事物時所要做的第一件事，就是把它分
享給你四周的人。這樣，美好的事物才能在這個世界上
自由自在的散播開來。

名詞解釋

身體語言	象徵行為	說明行為
副語言	情感表現	規範行為
重複	改編行為	競爭
統合	退避	順應
妥協	強迫	迴避
遷就	退縮	投降
加強	攻擊	說服
補充	討論	以和為貴
規範	創傷經驗	認知失調
矛盾	心理遊戲	取代
表達親密	規範互動	

作業提示

1. 請就身體語言和副語言來說明，你觀察到自己平時有哪些的部分是符合的？

2. 請指出非語言溝通的特性和功能。

3. 我們平時的眼神注視具備哪些功能？

4. 平時你在做肢體動作和姿勢時，有符合此五種行為者，請舉例說明之。

5. 請說明我們與人際產品衝突的原因有哪些？

6. 我們希望衝突不至於惡化，在「意圖」階段衝突處理方法有哪些？並請舉例說明之。

7. 請思考你平時與人際相處時，衝突解決的模式有哪些？並請舉例說明之。

8. 你對於中國人害怕衝突的原因，你的看法是什麼？

9. 你對於李美枝學者所提出面對衝突的觀點，你的看法是什麼？

參考書目

王秉鈞主譯（1995），《管理學》（第四版），台北：華泰書局。

李燕、李浦群譯，黃曬莉校閱（1996），《人際溝通》，台北：揚智。

郭靜晃、吳幸玲譯（1998），《發展心理學——心理社會理論與實務》，台北：揚智。

程小蘋譯（1995），Ed E. Jacobs等人著，《團體諮商——策略與技巧》，台北：五南。

曾瑞眞、曾玲珉譯（1996），Rudolph F. Verderber、Kothleen S. Verderber著，《人際關係與溝通》，台北：揚智。

黃德祥（1996），《青少年發展與輔導》，台北：五南。

張景然、吳芝儀譯（1995），Gerald Corey著，《團體諮商的理論與實務》，台北：揚智。

Cassidy, J. & Asher, S. R. (1992). Loneliness and peer relations in young children. *Child Development,* 63(2), 350-365. EJ 443 494.

Fisher, R. & Ury, W. (1981). Getting to yes: Negotiating an agreement without giving in, *Random House Business Books*, New York.

Harlow, F. H. (1973), "Turbulence transport modeling", *AIAA,*

vol. 14, Selected Reprint Series.

K kman & Friesen (1974). http://counseling.heart.net.tw/
group1.shtml

Ladd, G. (1990). Having friends, keeping friends, making friends,
and being liked by peers in the classroom: Predictors of chil-
dren's early school adjustment. *Child Development, 61* (4),
1081-1100.

Parker, J. G. & Asher, S. R. (1987). Peer relations and later per-
sonal adjustment: Are low-accepted children at risk?
Psychological Bulletin, 102(3), 357-389.

Trubisky, P. Ting-Toomey, S., & Lin, S. (1991). "The influence
of individualism-collectivism and self-monitoring on con-
flict styles." *International Journal of Intercultural
Relations,* 15:65-84.

心理學叢書

人際關係與溝通

著　　者／邱美華

出 版 者／揚智文化事業股份有限公司

發 行 人／葉忠賢

總 編 輯／閻富萍

地　　址／台北縣深坑鄉北深路三段 260 號 8 樓

電　　話／(02)8662-6826

傳　　真／(02)2664-7633

　E-mail ／service@ycrc.com.tw

印　　刷／鼎易印刷事業股份有限公司

　I S B N ／978-957-818-886-0

初版二刷／2015 年 1 月

定　　價／新台幣 350 元

國家圖書館出版品預行編目資料

人際關係與溝通 ＝ Human relationship and
communication / 邱美華著. -- 初版. -- 臺
北縣深坑鄉：揚智文化, 2008.09
　面；　公分. --（心理學叢書）
含參考書目

　ISBN 978-957-818-886-0（平裝）

1.人際關係　2.人際傳播　3.溝通技巧

177.3　　　　　　　　　　　　97015418